PAULO CÉSAR MEDEIROS
EVELYN LEVY

ORGANIZADORES

NOVOS CAMINHOS DA GESTÃO PÚBLICA
OLHARES E DILEMAS

Copyright© 2009 by Consad

Todos os direitos desta edição reservados à Oualitymark Editora Ltda.
É proibida a duplicação ou reprodução deste volume, ou parte do mesmo,
sob qualquer meio, sem autorização expressa da Editora.

Direção Editorial SAIDUL RAHMAN MAHOMED editor@qualitymark.com.br	Produção Editorial EQUIPE QUALITYMARK
Capa MOEMA CAVALCANTI	Editoração Eletrônica ARAÚJO EDITORAÇÃO

1ª Edição: 2009

CIP-Brasil. Catalogação-na-fonte
Sindicato Nacional dos Editores de Livros, RJ

N848

    Novos caminhos da gestão pública: olhares e dilemas / Paulo César Medeiros e Evelyn Levy (organizadores). – Rio de Janeiro: Qualitymark ; Brasília, DF: CONSAD, 2009.

    168p.
    Inclui bibliografia
    ISBN 978-85-7303-871-2

    1. Administração pública. 2. Reforma administrativa. I. Levy, Evelyn H. (Evelyn Harris), 1962-. II. Conselho Nacional de Secretários de Estado da Administração (Brasil).

09-1842.
CDD 351
CDU 35

2009
IMPRESSO NO BRASIL

Qualitymark Editora Ltda. Rua Teixeira Júnior, 441 – São Cristóvão 20921-405 – Rio de Janeiro – RJ Tel.: (0xx21) 3295-9800 ou (0xx21) 3094-8400	Fax: (0XX21) 3295-9824 www.qualitymark.com.br E-Mail: quality@qualitymark.com.br QualityPhone: 0800-0263311

Agradecimentos

Esse livro resultou da realização do I Congresso CONSAD de Gestão Pública e para o mesmo deram inestimável contribuição:

Comissão Organizadora:

- Geraldo de Vitto
  Secretário de Administração do Mato Grosso

- Paulo César Medeiros
  Presidente do Consad, Secretário de Administração do Rio Grande do Norte

- Ricardo de Oliveira
  Vice-presidente do Consad, Secretário de Gestão e Recursos Humanos do Espírito Santo

- Gustavo M. F. Nogueira
  Secretário de Administração da Paraíba

- Maria Marta R. W. Lunardon
  Secretária de Administração do Paraná

- Sergio Ruy Barbosa Martins
  Secretário de Planejamento e Gestão do Rio de Janeiro

- Sidney Beraldo
  Secretário da Gestão Pública de São Paulo

- Joaquim Castro
  Assessor da Secretaria do Planejamento e Gestão de Minas Gerais

Coordenação:

- Evelyn Levy (Coordenadora-geral)
  Especialista Sênior de Gestão Pública, Banco Mundial
- Regina Pacheco
  Coordenadora Especial para Administração Pública e Governo da Eaesp/ Fundação Getúlio Vargas

Comitê Científico do Congresso:

- Profa. Maria Arlete Duarte de Araujo
  Administração/UFRN
- Prof. José Carlos Vaz
  Gestão de Políticas Públicas/EACH/USP
- Ciro Campos Christo Fernandes
  Gestor Governamental/MP
- Fátima Cartaxo
  Especialista Setorial – BID

As seguintes organizações:

Governo do Distrito Federal
Cia. Vale do Rio Doce
Caixa Econômica Federal
Banco do Brasil
Petrobras
Governo do Estado de São Paulo
SABESP
CAPEMISA
Banco BMG
AZ Informática
Link Data
Banco Mundial
Banco Interamericano de Desenvolvimento
Instituto Brasileiro de Direito Público

E a Secretaria do CONSAD através de:

- Iracy Gomes, Secretaria Executiva do CONSAD
- Naya Lorena Lucena, Assistente da Secretaria
- Luciana Lima, Assessora de Comunicações

Apresentação

Das muitas ações desenvolvidas pelo Conselho Nacional de Secretários de Estado da Administração – CONSAD – ao longo dos quase 10 anos de instituição formal, certamente que as desenvolvidas em 2008 merecem um destaque, quer por sua natureza estruturante (Planejamento Estratégico 2008-2010), quer por sua relevância política (Carta de Brasília).

Contudo, uma se sobressai, principalmente para a construção de nossa visão de que o CONSAD "será uma instituição estratégica na modernização e defesa da administração pública de resultados, baseada na qualidade e orientada para o cidadão": a realização do I Congresso CONSAD de Gestão Pública que deu oportunidade para uma reinserção na agenda nacional do assunto gestão pública.

Essa reinserção se deu basicamente de três formas: primeiro, com a narrativa das melhores práticas na área de gestão (cimento que possibilitou a construção do CONSAD); segundo, com a disponibilização para os gestores de todo o país de formulações e reflexões de autoridades mundiais em gestão pública; e terceiro, com a pactuação, com o Governo Federal, de uma agenda em defesa da gestão pública (Carta de Brasília).

A presente publicação representa significativa contribuição para divulgação dos "novos caminhos da gestão pública" pensados pelos especialistas que no I Congresso CONSAD direcionaram novos "olhares" e refletiram sobre seus "dilemas".

Sua leitura é importante tanto para aqueles presentes ao evento, pela possibilidade de revisitarem aquelas discussões, quanto para os que ali não estavam e que poderão se atualizar no que existe de novo no campo da administração pública.

Com a edição de "Novos Caminhos da Gestão Pública, Olhares e Dilemas" o CONSAD cumpre compromissos acertados em suas agendas política e técnica do seu "Planejamento Estratégico 2008-2010" na perspectiva de que mais do que um documento, esta visão do nosso futuro é uma obrigação com nós mesmos e com a sociedade.

Boa leitura!

Paulo César Medeiros
Presidente do CONSAD

Sumário

Introdução 1
Evelyn Levy

Os Primeiros Passos da Reforma Gerencial
do Estado de 1995 3
Luiz Carlos Bresser-Pereira

Mérito e Flexibilidade Revisitados 45
Francisco Longo

Eficiência do Gasto Público no Brasil:
incentivos na alocação dos recursos públicos 57
Marcos Mendes

Gestão Estratégica da Contratação 77
Steven Kelman

Reformas de Gestão Pública: o que a América Latina
tem a aprender com a OCDE? 97
*Nick Manning, Geoffrey Shepherd, Jürgen Blum e
Humberto Laudares*

Tendências da Reforma do Estado 149
Pedro Farias

Introdução

Os textos que compõem este livro derivam das conferências, proferidas pelos palestrantes convidados, no I Congresso CONSAD de Gestão Pública.

O leitor poderá verificar coincidências de um esforço comum dos autores, em refletir sobre os caminhos já percorridos pelas reformas da gestão pública. Ou seja, enquanto até há pouco tempo a literatura especializada se centrou nas justificativas das reformas, na avaliação da coerência interna de suas proposições, ou nos vínculos com o sistema político e a economia, aqui ressalta a evidência de que, queiramos ou não, há mudanças significativas ocorrendo na administração pública, permitindo uma reflexão crítica.

Em geral, os autores concordam com o fato de que as diferentes experiências podem inspirar a adoção de estratégias e modelos em novos lugares, mas nem sempre os resultados são os mesmos e tampouco isso é necessariamente desejável. Os diferentes artigos permitem um olhar simultâneo sobre o Brasil, a América Latina e os países da OCDE. Há uma procura em entender onde e por qual motivo fracassam as melhores intenções. Há uma busca em identificar e explicar tendências. Assim, ao mesmo tempo em que os autores tentam construir generalizações, a interpretação da evidência empírica os leva a matizá-las de acordo com o contexto.

Os textos efetivamente conversam entre si, mas nem sempre existe concordância sobre os diversos temas tratados. Para citar somente um assunto polêmico, pode-se fazer referência ao debate que é a questão central de Francisco Longo – mérito e flexibilidade. Esse, como alguns outros dilemas, permanece objeto de controvérsia nesse campo.

Interessante é também fazer a leitura destes textos, confrontando-os com os *papers* apresentados durante o Congresso, pelos painelistas.

Evelyn Levy

Observa-se então como o debate já adquiriu uma capilaridade que alcança muitos setores: a gestão de diversas políticas públicas; assim como muitos aspectos da gestão, o diálogo entre a burocracia e a política, a gestão de recursos humanos, a gestão financeira e das compras públicas, o uso das novas tecnologias de gestão, informação e comunicação, a aproximação com o cidadão; também a gestão dos diferentes entes federativos e a relação entre eles; o desenvolvimento do ciclo de gestão: planejamento, orçamento, implementação e avaliação.

As contribuições vindas dos painelistas constituem análises sobre os fragmentos dos movimentos mais gerais, tratados pelos conferencistas. Aqui, também, nem sempre a soma das partes é igual ao todo; ou seja, a análise desses múltiplos microcosmos da gestão pública, tal como se desdobram na União, nos estados, municípios e nas organizações, não confirma necessariamente as tendências avaliadas pelas conferências.

No entanto, toda essa construção intelectual propiciada pelo I Congresso, toda a inesperada animação e riqueza ali alcançada, assim como o esforço de todos aqueles que se ocupam em qualificar melhor o Estado para propiciar o desenvolvimento e/ou a coesão social, encontram-se hoje diante de cenários inteiramente novos. Qual será a melhor resposta desses estados aos enormes desafios colocados pela crise financeira? Como lidarão os estados nacionais, os governos subnacionais e as agências multilaterais com a crise e suas consequências econômicas, sociais, políticas e ambientais? Como evitar que as medidas de emergência comprometam o desenvolvimento em médio e longo prazos e as conquistas feitas até aqui?

Ainda que não tenhamos as respostas, parece-me importante notar – e este livro o atesta – que o conhecimento do campo da gestão pública vem avançando, assegurando uma visão mais qualificada sobre o presente e o passado recentes, tornando as decisões sobre o futuro muito mais bem informadas.

Evelyn Levy
Coordenadora do I Congresso CONSAD de Gestão Pública
Março de 2009

Os Primeiros Passos da Reforma Gerencial do Estado de 1995

Luiz Carlos Bresser-Pereira

O Estado brasileiro passou por duas grandes reformas administrativas – a burocrática, iniciada em 1937, e a gerencial, que começa em 1995. A primeira ocorreu no primeiro governo Vargas, e teve como objetivo transformar a administração pública brasileira, que até então, era patrimonial, em um serviço profissional baseado no Estado de direito e na competência técnica; mais amplamente visava a tornar o aparelho do Estado *efetivo*, capaz de garantir seu próprio sistema constitucional-legal. Iniciada em um governo autoritário, a Reforma Burocrática de 1937 era uma reforma própria do Estado Liberal – portanto, uma reforma pré-democrática. Seu modelo eram as reformas burocráticas ou do serviço público realizadas nos países desenvolvidos na segunda metade do século XIX, quando o Estado Liberal ainda restringia o poder de votar dos pobres.

O Brasil demorou a fazer sua primeira grande reforma da administração pública ou aparelho de Estado; um intervalo de cerca de 80 anos existiu entre as reformas burocráticas ocorridas na França, na Grã-Bretanha e na Alemanha e a reforma no Brasil. Já em relação à segunda reforma, que teve início no último quartel do século XX, no quadro do Estado Democrático Social europeu com o objetivo de tornar o aparelho do Estado mais *eficiente*, esse intervalo baixou para menos de dez anos, considerando-se que o marco inicial da reforma gerencial na Grã-Bretanha – o primeiro país a tê-la iniciado – foi o programa de agências executivas Next Steps de 1987. Ao começar sua reforma de gestão pública tão cedo, em 1995, o Brasil antecipou-se aos três países desenvolvidos que haviam realizado reformas burocráticas mais profundas, mais "Weberianas": a França, a Alemanha e o Japão, e, provavelmente por essa razão, encontraram mais dificuldade em dar um cunho gerencial à sua administração pública. Um pouco antes, começaram também suas reformas a Nova Zelândia e a Austrália e, na mesma época da reforma brasileira, os países escandinavos e a Holanda.

A Reforma Gerencial de 1995, como as demais reformas dessa natureza, respondeu ao grande aumento do tamanho do Estado que implicou sua transformação em um Estado Social; ao tornar a administração pública ou a organização do Estado mais eficiente, legitimou os grandes serviços sociais de educação, saúde, previdência e assistência social que a partir de dois marcos – a Revolução de 1930 e a transição democrática de 1985 – resultaram na transformação do regime político de oligárquico-liberal brasileiro em um regime democrático e social.

A Reforma Burocrática de 1937, realizada com o atraso referido, tinha como referência o pequeno Estado Liberal do século XIX. Naquele momento, entretanto, sob a liderança de Getúlio Vargas, o Brasil transformava seu velho Estado Oligárquico-Liberal em um Estado Desenvolvimentista ao assumir novas responsabilidades econômicas e sociais. Havia, portanto, uma inadequação entre a Reforma Burocrática de 1937 e as necessidades do Estado que resulta em uma série de reformas posteriores, entre as quais a mais importante seria a do Decreto-lei 200, de 1967. Essa inadequação aumentaria muito quando, a partir da transição democrática de 1984, as despesas sociais cresciam extraordinariamente e o Estado brasileiro assumiu a forma de um Estado Social. A partir dessa transformação, uma reforma gerencial se impunha, e seu início se tornava uma questão de tempo.

Ao dar início à Reforma Gerencial de 1995 o Brasil estava participando da segunda grande reforma administrativa do Estado moderno. A primeira implicara a transformação do Estado Patrimonial em Burocrático; a segunda, a transformação deste no Estado Gerencial. Por sua vez, essas reformas do aparelho do Estado tiveram, como vemos no Quadro 1, correspondência com as formas políticas do Estado. Ao Estado Absoluto, que tinha como objetivo garantir a sociedade contra o inimigo externo e manter a ordem interna, correspondia, no plano administrativo, o Estado Patrimonial que confundia a propriedade pública com a privada – o que não era surpreendente já que estávamos em plena fase de acumulação original de capital.

No século XIX, porém, consolidada a Revolução Capitalista, a burguesia promove a transição para o Estado Liberal, um Estado que acrescentara a seus objetivos políticos a liberdade pessoal e a promoção do desenvolvimento econômico nos quadros de uma economia de mercado; a partir daí, o primado da lei ou o Estado de direito e a garantia da propriedade e dos contratos tornavam-se necessários e mandatórios. A primeira reforma administrativa do Estado moderno – a reforma burocrática – ao tornar a administração pública impessoal e profissional, reconheceu essa necessidade. Entretanto, a partir aproximadamente do fim do século XIX, aproximadamente, os países desenvolvidos tornam-se um a um democráticos na medida em que passam a garantir o sufrágio universal. Chegávamos ao estágio do Estado Democrático. Cerca de 50 anos mais tarde, após a Segunda Guerra Mundial, a nova força eleitoral dos trabalhadores e dos pobres levou, nos países mais avançados, à transição do Estado Democrático para o Estado Democrático Social.[1]

Essas mudanças ocorriam na forma política do Estado – no plano constitucional-legal ou do regime político – e exigiam correspondência no plano da administração pública. A forma administrativa burocrática do Estado – o Estado Burocrático – era adequada para o pequeno Estado Liberal e para a primeira forma de Estado Democrático – uma forma em que a democracia era de elites. Era uma administração pública sem condições de prestar com a necessária eficiência os grandes serviços sociais e científicos, de forma que, mais cedo ou mais tarde, teria que se transformar no Estado Gerencial. Os tempos da administração pública gerencial, entretanto, só chegariam nos anos 1980, não por acaso na Grã-Bretanha – um país que havia alcançado a hegemonia no período liberal, mas entrara em grave e prolongada decadência relativa desde o início do século XX e, principalmente, desde a Segunda Guerra Mundial.

Quadro 1: Formas Históricas de Estado

Formas Políticas de Estado	Formas Administrativas de Estado
Estado Absoluto	Estado Patrimonial
Estado Liberal	Estado Burocrático
Estado Democrático-Liberal	Estado Burocrático
Estado Democrático Social	Estado Gerencial

Entre os países em desenvolvimento, o Brasil foi o primeiro a iniciar uma reforma gerencial. Fui diretamente responsável pela iniciativa, mas esta coube também ao presidente Fernando Henrique Cardoso que, diante da minha manifestação de interesse em dirigir a Secretaria da Administração Federal, a transformou em Ministério da Administração Pública e Reforma do Estado. Treze anos depois, a reforma continua a se realizar em todo o país em níveis federal, estadual e municipal. Os princípios mais gerais da reforma e as formas de colocá-los em prática não estão mais restritos a um pequeno grupo de iniciadores, mas são um patrimônio intelectual comum da alta burocracia pública brasileira e dos seus consultores administrativos. Hoje, quando no Brasil se pensa em reforma administrativa, quando se busca tornar o aparelho do Estado mais eficiente, mais capaz de prestar ou financiar serviços sociais, culturais e científicos com baixo custo e boa qualidade, pensa-se em reforma gerencial ou da gestão pública.

Nestes treze anos, a Reforma Gerencial de 1995 fez importantes avanços, mas naturalmente não transformou do dia para a noite a organização do Estado brasileiro; uma reforma desse tipo demora 30 a 40 anos para poder ser julgada relativamente completa. Já não é mais apenas uma reforma de uma pessoa ou de um governo, mas uma reforma adotada e conduzida pela alta administração pública brasileira – uma reforma que começou no governo Fernando Henrique, está sendo continuada e atualizada pelo governo Lula e os atuais governadores, e certamente terá prosseguimento independentemente de quem sejam seus sucessores. Além de as práticas gerenciais continuarem a se expandir no governo federal, estão sendo criadas organizações sociais – uma inovação institucional importante da Reforma Gerencial de 1995 à qual, na época na oposição, o PT se opôs.[2]

Diante do consenso quase positivo em relação à reforma, é comum que me façam perguntas como: Por que decidiu iniciar a reforma? Foi iniciativa sua, do governo, ou teria sido iniciativa do Banco Mundial, que era o principal responsável pelas reformas neoliberais nos anos 1990? Nela, o que foi mais importante – a Emenda Constitucional 19 (aprovada em 1998), ou foi o *Plano Diretor da Reforma do Aparelho do Estado* (1995)? Afinal, era ou não uma reforma neoliberal? Quais foram os principais obstáculos que você encontrou? Você seguiu alguma estratégia política fundamental para levá-la a bom termo? Ela foi bem-sucedida? Ou, se não foi, por que as pessoas continuam sempre a falar nela, não obstante já tenham passado mais de nove anos desde que você saiu do MARE (Ministério da Administração Pública e Reforma do Estado) e este foi extinto?

Neste trabalho vou responder a algumas delas.

1. BEM-SUCEDIDA NOS TRÊS PLANOS

Começo pelas duas últimas questões. Tive várias experiências na vida pública. Aquela que enfrentei no Mare não foi a mais desafiante; foi, porém, a mais bem-sucedida. A experiência mais desafiante coube a meus sete meses e meio no Ministério da Fazenda, que assumi imediatamente após a grande crise do Plano Cruzado, em 1987. Naquele momento o Brasil enfrentava a crise econômica e financeira aguda mais grave de sua história desde a crise de 1930. Já meu trabalho no Mare, entre 1995 e 1998, foi aquele que me deu mais satisfação, porque a reforma gerencial do Estado então iniciada foi bem-sucedida no *plano institucional*, ao aprovar uma emenda constitucional e algumas leis básicas; no *plano cultural* ao ganhar o coração e as mentes da alta administração pública brasileira; e no *plano da gestão* porque continua a ser realizada em nível federal, porque em níveis estadual e municipal seus avanços são ainda maiores, porque vários serviços que utilizam os princípios gerenciais da administração pública revelam substancial aumento de eficiência e de qualidade dos serviços; e finalmente, voltando ao plano cultural, porque a opinião pública, que apoiou a reforma enquanto ela era discutida em âmbito nacional entre 1995 e 1998, a mantém na memória como algo importante e positivo que ocorreu para o país.

A Reforma Gerencial de 1995 pode ser vista sob dois ângulos: o estrutural e o da gestão. Sob o ângulo da gestão, um número crescente de organizações públicas vem elaborando *planos estratégicos* no quadro de uma *administração por resultados*, e a todo momento vemos a implantação de sistemas de gestão baseados na motivação positiva dos servidores públicos que alcançam metas ou apresentam melhores desempenhos. No plano estrutural, a partir da identificação pela reforma do *núcleo estratégico* do Estado, ocorreu a valorização das carreiras públicas de alto nível que participam desse núcleo. Segundo, estão sendo criadas organizações sociais (ou OSCIPs que funcionam como organizações sociais) para a realização dos serviços sociais e científicos do Estado, ou seja, estão sendo criadas organizações públicas não-estatais que executam esses serviços com mais autonomia e eficiência.

Uma pesquisa realizada pelo Instituto Publix em 2006 verificou que ao menos 21 estados e 31 municípios possuem modelos de organização social. Os governos que mais se destacam são: Minas Gerais com 75 OSCIPs implantadas (lá o que o governo define como OSCIP são entidades com as características do modelo das organizações sociais); Bahia, com 30 organizações qualificadas, e São Paulo, com 20 OS qualificadas nas áreas de cultura e saúde. Levantamentos preliminares para reedição desta pesquisa em 2008 apontam que o número de casos dobrou.

Como, entretanto, se falar em reforma bem-sucedida quando há uma crença muito difundida entre as elites brasileiras segundo a qual o Estado brasileiro seria altamente ineficiente? Esta pergunta, porém, não faz sentido: a administração pública brasileira não é tão ineficiente assim, e as críticas que ela sofre são inevitáveis e necessárias nas democracias. Todas as sociedades, e principalmente as mais avançadas, como, por exemplo, a sueca ou a suíça, são sociedades críticas de seu próprio Estado por mais capaz e eficiente que ele seja. É essa crítica que torna possível melhorar continuamente a qualidade e a eficiência de sua ação. Por isso, a sociedade brasileira é também crítica de seu Estado, de suas muitas falhas e deficiências. É um equívoco afirmar que o Estado brasileiro seja particularmente incapaz ou ineficiente. A qualidade institucional e administrativa de cada Estado é aproximadamente proporcional ao seu nível de desenvolvimento econômico. Considerado o problema nestes termos, o Estado brasileiro é um Estado cuja ordem jurídica é dotada de legitimidade, enquanto que sua administração pública é razoavelmente capaz e eficiente.

Defino o Estado como o sistema constitucional-legal e a organização que o garante. Enquanto sistema constitucional-legal ou ordem jurídica, sua legitimidade depende da intensidade com que suas instituições forem compreendidas, aceitas e obedecidas pela nação. Já enquanto administração pública formada de servidores eleitos (políticos) e não-eleitos (burocracia pública, inclusive a militar)[3] sua capacidade e eficiência dependem da qualidade de seus servidores eleitos e não-eleitos e da boa qualidade de sua estrutura organizacional e de sua gestão.[4] O sistema constitucional-legal brasileiro do século XIX foi famoso por seu caráter artificial, copiado do exterior, e sua administração pública patrimonial, caracterizada pelo patrimonialismo ou clientelismo. Duas constituições democráticas – a de 1946 e a de 1988 – estabeleceram as bases para a atualização e legitimação da ordem jurídica. Por outro lado, no plano da administração pública, a reforma burocrática, embora jamais "completada" (seria impossível que isto ocorresse dado o caráter ainda dual ou subdesenvolvido de nossa sociedade), foi, nos anos de 1930, uma reforma avançada em relação aos países de grau semelhante de desenvolvimento (ainda que adotasse como referência o pequeno Estado Liberal do século XIX). Nos anos de 1960, porém, já estava claro que esse tipo de administração era inadequado, e a organização do Estado já passou por uma reforma significativa, a do Decreto-lei 200, que em parte antecipou a Reforma Gerencial de 1995. Quando esta foi desencadeada, a grande administração pública brasileira estava preparada para recebê-la. Já dispunha, entre outras coisas, das grandes carreiras de Estado cujos participantes, ao lado dos políticos eleitos, constituem e dão consistência ao núcleo estratégico do Estado.

Além de ajudar a iniciar e definir a reforma gerencial, uma das tarefas a qual mais me empenhei foi a de valorizar as carreiras de Estado e garantir a elas suprimento regular de pessoal de alto nível. Para isso, eu terminei com a prática absurda da realização de grandes concursos públicos sem qualquer rotina, imprevisíveis para os que desejavam prestá-los, seguida pela convocação dos candidatos aprovados através dos anos, na medida em que se abriam vagas. Em vez disso, logrei transformar em rotina anual os concursos públicos para as carreiras de Estado. Os concursos deixaram de ser de habilitação, de forma que em cada concurso passou a ser considerado aprovado apenas um número limitado de melhores candidatos – o que permitiu que os jovens brasileiros interessados em servir o governo federal pudessem, a partir de então, planejar sua vida pessoal desde a universidade. Hoje, depois de muitos concursos geralmente anuais em todas as carreiras de Estado, o governo federal conta com um bom número de burocratas públicos de alta qualidade. Diante dessa minha iniciativa, assim como diante da importância que dei ao núcleo estratégico do Estado, e do fato de não haver tentado mudar o dispositivo constitucional que exige o concurso público para o ingresso nos quadros de pessoal do Estado, algumas pessoas me perguntaram se essas medidas não eram parte da reforma burocrática. Minha resposta foi sempre muito simples: a administração gerencial só pode ser realizada com bons administradores, para a qual eles são até mais importantes do que para a administração burocrática, já que se atribuem a eles mais autonomia e mais responsabilidades e se esperam deles boas decisões.

Tudo isto me leva a crer e afirmar que o Brasil conta hoje, no início do século XXI, com um bom Estado. Mas um Estado que sempre precisa de reforma – de reformas normativas da vida social da nação – de melhores leis civis, comerciais, ambientais – e de reformas na sua organização. Na segunda metade dos anos de 1990, eu tive a oportunidade de contribuir para esse resultado através do impulso que dei à Reforma Gerencial de 1995 – uma reforma cujos primeiros passos eu descrevo neste trabalho.

LUIZ CARLOS BRESSER-PEREIRA

2. A Iniciativa da Reforma

Sempre entendi que o serviço público é uma tarefa republicana que envolve virtude e espírito público. Não faz sentido entrar para a vida pública para atender principalmente a seus interesses pessoais. Por outro lado, embora saiba que uma parte importante desses serviços já esteja bem estabelecida, precisando apenas ser realizada com empenho e honestidade, muitas outras exigem de seus responsáveis a disposição para inovar – para criar novas instituições que respondam às novas realidades econômicas e sociais que estão ocorrendo na sociedade e no próprio Estado. Nas sociedades modernas, caracterizadas por mudança tecnológica constante, a inovação institucional não é fácil. Primeiro, porque, dada a complexidade dos problemas enfrentados, a reforma pode ser incompetente, incapaz de resolver o problema específico que pretende regular. Segundo, porque reformas, além de implicarem em mudanças de convicções e de tradições bem estabelecidas, ferem interesses.

No caso da Reforma Gerencial de 1995, vários amigos e conhecidos me alertaram que era arriscado iniciar uma reforma administrativa tão ampla, porque ainda que ela beneficiasse a maioria dos servidores, seria sempre prejudicial para um número suficiente deles para que estes se organizassem contra ela. Pressupondo servidores apenas voltados para seu interesse pessoal, que agem sempre de acordo com a lógica do *free rider* – daqueles que pegam "carona" nas mudanças em vez delas –, eles me diziam que essa minoria organizada teria capacidade de impor um veto à reforma. Entretanto, não tenho uma visão tão negativa da humanidade – não acredito que todos os servidores eleitos e não-eleitos apenas façam compensações (*trade offs*) entre a vontade de manterem o cargo e serem promovidos e a corrupção como supõe a teoria da escolha racional; acredito que há um bom número deles que, antes, fazem compensações entre a mesma vontade de promoção e a busca do interesse público. Além disso, jamais vi sentido em alguém aceitar um cargo público sem estar disposto a aceitar as responsabilidades e riscos que lhe são inerentes. Portanto, como já havia feito antes, quando fora Ministro da Fazenda, não hesitei em levar adiante a reforma.

Quando Ministro da Fazenda, também me alertaram, naquele caso especialmente em relação à minha proposta de renegociação da dívida externa brasileira, dizendo que a mesma provavelmente me custaria o cargo, mas não arredei pé.

Estava convencido, quando cheguei ao governo federal, de que a administração pública brasileira necessitava de uma ampla reforma, e estava disposto a assumir a responsabilidade pela iniciativa. Na primeira reunião que tive com o presidente, alguns dias antes de começar o novo governo, disse a ele que planejava realizar essa reforma, da qual deveria constar uma emenda constitucional definindo de maneira mais flexível a estabilidade dos servidores porque entendia a absoluta estabilidade existente no Brasil incompatível com uma administração moderna. Fernando Henrique observou que essa reforma não estava na agenda, que não fizera parte dos compromissos de sua campanha. Não me impediu, entretanto, de dar os primeiros passos em direção a ela, deixando apenas claro que a decisão de apresentar uma emenda constitucional deveria aguardar o tempo necessário para saber se haveria suficiente apoio político para ela ou não.

Embora não estivesse ainda claro para mim como seria a reforma, eu conhecia a matéria o suficiente para estar convencido da sua necessidade e oportunidade. Eu indicara ao presidente, antes do convite, meu interesse pela administração pública federal exatamente porque via que o aparelho do Estado brasileiro necessitava urgentemente de reforma para ficar à altura das novas responsabilidades que assumira nas áreas da saúde e da educação a partir da transição democrática de 1985. O Estado brasileiro, ao ampliar sua atuação na área social, estava se tornando suficientemente grande para exigir uma reforma gerencial que aproveitasse – naturalmente os adaptando – os grandes avanços ocorridos durante o século XX na gestão das empresas privadas. Eu sempre me interessara, no plano sociológico, pelos administradores profissionais enquanto classe social formada por uma tecnoburocracia pública e outra privada, e, no plano da ciência política, pelo próprio Estado enquanto sistema constitucional-legal ou regime político e enquanto administração pública ou aparelho do Estado.

Além disso, professor de Economia em uma grande escola de administração, eu tinha experiência de ensino na área da Administração de Empresas e experiência de orientação de alunos na área da administração pública. Enquanto professor de Economia sabia quão fundamental é o papel do Estado na promoção do desenvolvimento econômico, e, mais amplamente, na realização dos demais grandes objetivos políticos da sociedade – os objetivos de segurança, liberdade, justiça social e proteção do ambiente natural. Sabia também que ao Estado, enquanto instrumento de ação coletiva por excelência de cada sociedade nacional na realização desses objetivos, não bastava uma boa ordem jurídica ou institucional adaptada à realidade e às aspirações dessa sociedade; era preciso, adicionalmente, que o aparelho do Estado fosse suficientemente amplo para realizar os serviços sociais e científicos demandados pelos cidadãos, e suficientemente capaz administrativamente para realizar com eficiência ou economia de meios esses serviços.

Ao assumir o Mare, fiz um curto discurso e, em seguida, em meio à confusão da posse, dei uma rápida entrevista aos jornalistas resumindo minha disposição em iniciar a reforma que incluiria a ideia de tornar mais flexível a instituição da estabilidade. O resultado foi uma tempestade de críticas. Estas eram fruto da surpresa e da desinformação, confirmando a observação de Fernando Henrique de que o tema não estava na agenda. Não estava na agenda não apenas de sua campanha, mas não fazia parte da agenda nacional. Um pouco antes, em 1988, uma nova e democrática Constituição havia sido aprovada, e nela, ao invés de se pensar na reforma gerencial, buscou-se reafirmar e "completar" a Reforma Burocrática de 1937. Esta decisão foi um erro, foi um retrocesso burocrático em relação aos avanços que haviam sido realizados durante o regime militar, a partir do Decreto-lei 200, de 1967 – um decreto pensado por Roberto Campos e Hélio Beltrão que antecipara sob vários aspectos a Reforma Gerencial de 1995. Foi um retrocesso que se explicava pela crença equivocada de então, de que tudo o que os militares haviam feito era ruim.

Em 1995, a sociedade brasileira ainda não se dispusera a pensar em uma reforma da gestão pública. As primeiras reformas gerenciais, na Grã-Bretanha, Nova Zelândia e Austrália haviam começado muito pouco tempo antes, na segunda metade dos anos de 1980; nos Estados Unidos, começara mais tarde, apenas em 1993 e, mais timidamente, com o programa "Reinventando o Estado" (cujo nome oficial era *National Performance Review*) no primeiro ano do governo Clinton. Era razoável, portanto, que a sociedade brasileira estivesse desinformada. E que reagisse negativamente a uma proposta nova, e, por isso mesmo, ameaçadora como é sempre ameaçador em um primeiro momento tudo que é novo, tudo aquilo que muda instituições, altera as normas da vida social. Um exemplo da desinformação que produziram as primeiras notícias sobre a reforma que eu estava planejando foi a reação de uma competente cientista política e jornalista do Rio de Janeiro, Lucia Hippolito. Na segunda semana do meu ministério, leio um artigo seu em *O Globo* no qual ela, nos primeiros dois parágrafos, atacava com grande energia o que ela imaginava que eu estava propondo; nos demais parágrafos, porém, descrevia a reforma, que ela julgava necessária, a qual, em grande parte, coincidia com o que eu estava pensando e propondo. Eu, claramente, ainda não me fizera compreender. A oposição inicial à reforma foi tão grande naqueles primeiros dias que, no meu primeiro despacho regular com o presidente, resolvi mostrar-lhe meu discurso de posse. Ele o leu rapidamente e observou: "Este discurso não justifica tantas críticas". Era verdade, e, por isso – e porque estava tranquilo quanto à necessidade e o equilíbrio dos conceitos da reforma – não me atemorizei. Acreditava que as ideias que eu estava começando a elaborar eram suficientemente boas para que a sociedade afinal as aceitasse. Bastaria para isso que eu mais do que aceitasse, promovesse um debate esclarecedor sobre o tema. A reforma gerencial não estava na agenda nacional, mas meu cargo de ministro me abria a oportunidade para lograr incluí-la nessa agenda, assim o problema teria a oportunidade de ser enfrentado e resolvido. O Brasil já tem uma imprensa livre e competente, capaz de reproduzir e ampliar o debate de ideias, e era também com isso que eu contava. Não me enganei; seis meses mais tarde, o quadro havia mudado completamente. Um dos sinais dessa mudança foi o fato de a mesma Lucia Hippolito, agora entusiasmada pela reforma, me convidar para uma grande entrevista que ocupou duas páginas do *O Globo*.

Nos últimos dias de janeiro de 1995, o presidente organizou na Escola de Administração Fazendária uma série de debates entre os ministros e os deputados e senadores que faziam parte da coligação governamental sobre as reformas da Constituição de 1988 que haviam sido prometidas durante a campanha eleitoral. Fernando Henrique, ainda inseguro naquele momento em relação à existência de condições políticas para uma emenda constitucional no plano administrativo, considerou minha disposição de fazer a reforma administrativa, e incluiu-me entre os ministros que deveriam falar aos congressistas. A conferência que fiz, então, já esboçava as ideias às quais eu daria uma visão mais sistemática dois meses mais tarde, depois de minha visita à Grã-Bretanha.[5] O fato de eu ter participado desses debates foi fundamental para a reforma, porque foi neles que ficou claro para mim quem seriam meus maiores aliados. Eram os governadores e prefeitos das grandes cidades que tinham grandes serviços a prestar, e precisavam de maior flexibilidade para administrar os recursos públicos para contratar e demitir servidores públicos. Eles não estavam presentes às reuniões, mas se faziam representar informalmente por alguns deputados. Não hesitei, em seguida, em procurá-los para explicar a reforma e pedir seu apoio. Apoio que recebi de praticamente todos, mas principalmente do governador de São Paulo, Mario Covas, e do governador do Rio Grande do Sul, Antonio Britto. Esse apoio foi fundamental e chegou ao conhecimento de Fernando Henrique, que três meses depois de iniciado o governo, autorizou que eu elaborasse e apresentasse a emenda constitucional da reforma administrativa.

Algumas pessoas – geralmente aquelas que até hoje se opõem à Reforma Gerencial de 1995 – supõem que ela resultou não de uma iniciativa nacional, mas que tenha sido uma das reformas neoliberais que, nos termos do consenso de Washington, os países em desenvolvimento deveriam realizar com a orientação e a pressão do Banco Mundial. De fato, a partir do Plano Baker,[6] os Estados Unidos, preocupados com seus bancos, decidiram que para enfrentar a grande crise da dívida externa dos anos 1980 não bastavam os ajustamentos monitorados pelo FMI; eram necessárias, adicionalmente, reformas neoliberais que reduzissem o Estado e aumentassem a coordenação da economia pelo mercado. Ocorre, entretanto, que a reforma gerencial não fazia parte do receituário do consenso de Washington que procurou impor reformas neoliberais aos países em desenvolvimento. Na verdade, a reforma gerencial não tinha nada de neoliberal. Não enfraquecia, mas fortalecia o Estado, tornando-o mais capaz e mais eficiente. Em vez de promover o consumo individual pelas famílias, procurava dar eficiência ao consumo coletivo, social, prestado de forma gratuita ou quase, com o financiamento do Estado. Ora, fortalecer o Estado e legitimar seu caráter social não era definitivamente o objetivo do pensamento neoliberal dominante no Norte. Desde os anos de 1970, os países ricos viam os países de renda média representando uma séria concorrência.[7]

Ainda que algumas das reformas propostas e pressionadas por Washington fossem necessárias, não foi surpresa que a maioria delas, afinal, se demonstrasse prejudicial aos países que as aceitaram docilmente. Isto é especialmente verdade em relação à liberalização financeira que enfraqueceu os países em desenvolvimento ao tirar dos seus respectivos Estados a capacidade de neutralizar a tendência à sobre-apreciação da taxa de câmbio que existe nesses países. Em consequência, as taxas de câmbio se apreciaram em termos reais efetivos, a demanda interna por investimentos voltados para a exportação diminuiu, e, assim, eles perderam capacidade de competir internacionalmente (Bresser-Pereira 2007a: Capítulos 4 e 5).

Como a reforma gerencial não se incluía no receituário da ortodoxia convencional na medida em que buscava fortalecer o Estado, que havia sido transformado na fonte de todos os males, a reforma não contou com o apoio do Banco Mundial. Nos primeiros dois ou três meses de meu ministério recebi a visita de uma delegação do Banco. Ouviram minhas ideias, deixaram claro que não estavam bem informados quanto à recente reforma gerencial britânica, afirmaram que não tinham programa nessa área, e foram embora. Não tive mais contato algum com o Banco Mundial até três anos mais tarde, quando fui convidado para participar do grande seminário anual que o Banco realiza para seu próprio pessoal nas dependências da Universidade de Maryland, no quadro do PREM (*Poverty Reduction and Economic Management Network*). O Banco afinal definira sua posição em relação à reforma gerencial nos países em desenvolvimento, e essa posição era contrária. O argumento baseava-se no princípio do *sequenciamento*: primeiro os países deveriam terminar a reforma burocrática para depois se engajarem na reforma gerencial. Eu conhecia bem o argumento, e respondi aos técnicos do Banco que estava disposto a concordar com eles se estivessem também dispostos a declarar que, primeiro, os países em desenvolvimento deveriam terminar sua revolução industrial mecânica para depois participarem da revolução digital.

O Banco Interamericano de Desenvolvimento foi muito mais receptivo à reforma embora, em 1995, nada também soubesse a respeito. Em julho de 1995, Henrique Iglesias, presidente do Banco e velho conhecido meu, visitou Brasília. Durante o coquetel, ele perguntou o que eu estava fazendo. Resumi em poucas palavras, ele se interessou, propôs que realizássemos ali mesmo, durante o coquetel, uma pequena reunião em uma sala anexa, e nessa reunião afirmou-me que estava pronto a apoiar-me, inclusive para realizar um grande seminário Latino-Americano sobre a reforma. O seminário realizou-se em Brasília, nas dependências do Palácio do Itamaraty, em maio do ano seguinte, e os principais trabalhos então apresentados estão publicados no livro *Reforma do Estado e Administração Pública Gerencial* (1998). Um ano depois, Iglesias me convidou para pronunciar uma grande conferência no BID, para a qual ele convidou figuras importantes relacionadas com o tema da administração pública em Washington. Depois da conferência, o Chefe da Divisão para assuntos de reforma do Estado do BID, Edmundo Jarquim, disse-me, encantado: "Agora temos um modelo de reforma do Estado que o Banco Mundial não tem".

No final do terceiro ano de meu ministério, o BID aprovou um financiamento significativo para a reforma, que meu secretário, Carlos Pimenta, conduziu com competência, usando os recursos principalmente para desenvolver o setor do governo eletrônico, para financiar reestruturações organizacionais e modernização na gestão de recursos humanos, e para difundir as experiências da reforma no nível dos estados e grandes municípios.

3. A SEGUNDA REFORMA ADMINISTRATIVA

A reforma gerencial surgiu na Grã-Bretanha para dar conta do grande crescimento do aparelho do Estado que se produzira a partir da transição do Estado Democrático, da primeira metade do século XX, para o Estado Democrático Social da segunda metade desse mesmo século. Um fato não estava ainda claro para mim em 1995, mas ficaria cada vez mais evidente nos anos seguintes: foi o de que estávamos iniciando no Brasil a segunda reforma administrativa do Estado moderno. Dado o método histórico que sempre uso, eu sugerira essa ideia no *Plano Diretor da Reforma do Aparelho do Estado* (Mare, 1995) – o documento fundador da reforma – e no meu primeiro *paper* já contendo o modelo da reforma (Bresser-Pereira, 2006), ao falar em duas transições administrativas: a primeira fora a da administração pública patrimonial para a burocrática, e a segunda era da administração burocrática para a administração pública gerencial. Nos anos seguintes, ficaria cada vez mais clara essa ideia.

Os primeiros trabalhos identificando a reforma que começava e suas principais características datam do final dos anos de 1980. No começo dos anos de 1990, formou-se na Grã-Bretanha uma espécie de "escola" de intelectuais em administração pública, consultores e servidores públicos que passou a se denominar *New Public Management* ou simplesmente NPM. Como estávamos no auge da hegemonia neoliberal, em consequência do colapso da União Soviética, estabelecera-se uma nova "verdade" para o mundo. Já vimos que a reforma gerencial não se incluía nessa verdade de Washington, do governo Ronald Reagan, do Tesouro americano e de suas entidades executivas, do FMI e do Banco Mundial. Não estava sequer na agenda da primeira-ministra inglesa, Margareth Thatcher, que só estava interessada em diminuir o tamanho do Estado, mas fazia parte do acordo que os altos servidores públicos e os altos consultores britânicos durante o governo Thatcher fizeram com a primeira-ministra e que deu início à reforma. A burocracia pública inglesa estava, então, relativamente desmoralizada pelos fracassos e baixo crescimento do seu país desde a Segunda Guerra Mundial. Nesse quadro, conforme o relato que fez William Plowden em uma das conferências que realizou no Mare, em julho de 1995, seus líderes perceberam que poderiam fazer um *acordo* com o governo conservador. Concordaram em reduzir despesas, mas desde que fosse aceito um novo conceito de organização e gestão do Estado. Segundo esse novo sistema, a administração pública passaria por uma mudança estrutural e por uma mudança de gestão, imbricada uma com a outra, mas distintas. No plano estrutural, criavam-se *agências executivas* para realizar atividades exclusivas de Estado, e se transferia para o que no Brasil viemos a chamar de *organizações sociais* serviços sociais e científicos que precisassem ser financiados e, cujos resultados pudessem ser pactuados em contratos de gestão.

Essas características da reforma gerencial preocuparam todos aqueles que, identificados de uma forma ou outra com a burocracia pública, consideravam o sistema Weberiano, criado pela reforma burocrática, o sistema ideal de administração pública. Além, portanto, de simples resistência à mudança, havia uma questão ideológica. Pareceu-lhes que o movimento do NPM e a reforma gerencial seriam neoliberais, e estariam buscando quebrar a espinha do grupo dos altos servidores públicos, e reduzir o Estado britânico ao velho *Etat Gendarme* – ao Estado Liberal. Alguns dos defensores das novas ideias realmente eram neoliberais, mas a reforma não era. A mudança de visão de um respeitado especialista em administração pública, Christopher Pollitt, permite-nos ver esse fato. Em 1993 ele publicou um livro fazendo forte crítica à reforma que via como neoliberal; no ano seguinte, ele repetiu as críticas em um trabalho apresentado em Madri, no Congresso do CLAD.[8] Passados, entretanto, meros seis anos, depois de fazer um amplo levantamento da reforma gerencial nos países da OCDE, publicou com Geert Bouchaert o livro *Public Management Reform* (2000), no qual reconheceu a ampla difusão dessa reforma nesses países, especialmente nos mais avançados do Norte da Europa, muitos dos quais não tinham governos neoliberais. O caráter crítico dos trabalhos anteriores havia desaparecido. De uma forma indireta, ao reconhecerem a abrangência e a profundidade da reforma, os dois autores confirmavam a tese de que a reforma gerencial é a segunda grande reforma administrativa do Estado moderno; é a reforma que legitima administrativamente o Estado Social.

4. A LIÇÃO DA GRÃ-BRETANHA

Não aprendi a reforma gerencial com Washington e o Banco Mundial, mas a aprendi com Londres e o governo britânico. Quando assumi o Mare, a única coisa que conhecia a respeito da reforma gerencial era o livro de Osborne e Gaebler, *Reinventing Government*, que havia sido um *best-seller* nos Estados Unidos, em 1992. Esse livro inspirou meus primeiros pensamentos quando assumi o Mare, em função de seus relatos de uma série de experiências administrativas inovadoras naquele país, principalmente em nível estadual e municipal, e o fato de que o governo Clinton havia se baseado nelas para iniciar um programa de reforma dirigido pelo vice-presidente Al Gore. Ainda no primeiro mês de meu ministério, por puro acaso, David Osborne visitou Brasília, e eu o convidei para almoçar. Disse então a Osborne que planejava uma viagem a Washington para aprender sobre a reforma, mas ele respondeu que melhor seria se eu fosse à Grã-Bretanha ou à Nova Zelândia, onde a reforma gerencial e a discussão teórica sobre ela estavam mais avançadas. Aceitei a sugestão, e apoiado pelo British Council, que tem experiência em organizar esse tipo de viagem, fiz um plano que incluía três dias completos em Londres, e dois dias em Santiago de Compostela, onde se realizava uma conferência sobre a administração pública. Ângela Santana acompanhou-me na viagem. Visitamos algumas agências e ministérios que estavam mais envolvidos na reforma, inclusive um hospital. A visita que me deixou a impressão mais profunda foi a que fiz à ministra da Saúde inglesa, que implantara na Grã-Bretanha o sistema *purchase-provider* – um sistema de administração que separava a *oferta* (representada pelos hospitais) da *demanda* (100 "autoridades de saúde" cobrindo todo o território do país). Os hospitais, de caráter público mas não-estatal (sem servidores estatutários), não estavam subordinados às autoridades regionais de saúde, mas a uma organização central, eram administrados com ampla autonomia, podendo admitir, demitir, definir salários e criar incentivos, mas deviam competir entre si em termos da qualidade dos serviços que ofereciam às autoridades de saúde. Estas, por sua vez, através de médicos pertencentes ao corpo de funcionários e, cada vez mais, através de médicos de família autônomos devidamente treinados e registrados para operar o sistema, atendiam aos pacientes livremente registrados com eles, e eram responsáveis por um sistema de triagem, encaminhando-os para os hospitais contratados pela respectiva autoridade para que tivessem acesso aos cuidados médicos especializados ou cirurgias.

O sistema, que depois soube ter sido também adotado na Catalunha, e nos países escandinavos, pareceu-me excelente, e decidi que faria uma adaptação dele no Brasil e o proporia ao Ministério da Saúde. Nesta viagem, estive também com o coordenador do programa Next Steps – o programa de autonomização e responsabilização das agências executivas que realizavam atividades específicas de Estado, ou seja, que usam o poder de Estado, principalmente atividades de execução e fiscalização de políticas públicas. Os dirigentes das agências eram contratados externamente, de forma competitiva, recebiam salários variados, em certos casos altos, dependendo das condições do mercado de trabalho. Essas agências não tinham autoridade para formular políticas, mas tinham uma autonomia administrativa (principalmente orçamentária, de compras e de contratação de pessoal) que os departamentos clássicos do aparelho do Estado não tinham. Informei-me, também, sobre as agências reguladoras – existentes em número muito menor do que as executivas. Ao contrário do que aconteceu no Brasil, na Grã-Bretanha as agências reguladoras constituem um pequeno subtipo de agência – aquelas às quais, por operarem em setores monopolistas ou oligopolistas, se atribui, além da autonomia administrativa, a disposição do poder de definir preços (não políticas) como se atuassem em um mercado competitivo.

No Brasil, onde não se conseguiu implantar verdadeiras agências executivas – isto é, agências com ampla liberdade administrativa mas subordinadas diretamente a seus respectivos ministérios – as "agências reguladoras" fizeram suas vezes – o que explica que um número grande de agências que não podem ser consideradas reguladoras porque não têm mercado monopolista para regular receberam essa denominação ou esse estatuto jurídico. Por outro lado, enquanto falta a estas agências a necessária autonomia administrativa, sobra autonomia decisória: hoje elas dispõem de um poder de definir políticas que usurpa o poder do Congresso e do Poder Executivo. A independência das agências no plano político ou decisório deve-se limitar à definição dos preços como se houvesse mercado e, em seguida, à fiscalização. Nesse campo, a independência das agências e a continuidade de sua regulação e fiscalização são uma garantia legítima para as empresas. Não há razão, entretanto, para que elas também tenham poder para definir políticas. Ao contrário do que pensam os neoliberais, a autonomia das agências não se deve ao eventual populismo do governo, mas à necessidade de que haja estabilidade na política de preços administrados. Para o populismo, o remédio não são agências, mas controle político por parte da sociedade.

LUIZ CARLOS BRESSER-PEREIRA

O grande problema que sempre enfrentaram as agências reguladoras é o da captura pelas empresas reguladas. Nas áreas sensíveis, os governos democráticos são capazes de resistir melhor a essa captura de agências reguladoras sempre muito próximas das empresas que regulam. Quanto ao populismo, os governos democráticos são também capazes de resistir à essa prática; nas mesmas áreas sensíveis o mecanismo clássico é o do insulamento burocrático, mas hoje a melhor garantia é o aumento da transparência nas decisões do governo.

Nos intervalos entre as visitas, fui às grandes livrarias de Londres procurar livros sobre administração pública. Não havia muitos, e estavam geralmente situados no meio dos livros de ciência política, mas encontrei um número suficiente para compreender que entre os servidores, consultores e intelectuais da administração pública se formara uma rede de debates em torno da reforma gerencial e da NPM (*New Public Management*) – a teoria em formação sobre ela. Entre os livros que comprei, além do de Pollitt já referido, e o de Michael Barzelay, *Breaking Bureaucracy* (1992), aquele que foi mais esclarecedor para mim foi o de Peter Fairbrother, *Politics and the State as Employer* (1994) – um intelectual contratado pelos sindicatos de trabalhadores ingleses para estudar a reforma em curso. A própria reforma não tinha ainda um nome claro; falava-se mais de uma "managerial reform" do que de uma "public management reform". A partir do início dos anos 2000, porém, na Grã-Bretanha, a expressão "public management reform" se tornaria dominante. Eu próprio que inicialmente usei a expressão "reforma gerencial" passei depois, por algum tempo, a substituí-la por "reforma da gestão pública". Na verdade, essas expressões são sinônimas. Ou melhor, quase sinônimas, já que gestão pública é sempre um processo enquanto que administração pública gerencial é tanto sinônima desse processo quanto sinônima de um tipo de organização: o aparelho ou organização própria do Estado Gerencial. Muitos preferem "gestão" à "gerencial" porque haveria nessa segunda expressão um espírito privatista, uma confusão entre administração pública e administração de empresas, que não ocorreria com o termo "gestão". Essa confusão não faz, porém, sentido: a administração pública gerencial inspirou-se, sem dúvida, na administração de empresas, principalmente nas suas estratégias administrativas, mas isso não significa que tenha também adotado o lucro e outros conceitos do setor privado; o critério da administração pública é sempre o do interesse público. Quando falamos em *indicadores de desempenho* e metas, estamos sempre nos referindo a indicadores e metas que julgamos coerentes com o interesse público ou o bem comum. Quando nos referimos à *competição administrada* como uma das formas de responsabilização das agências e de seus servidores, estamos falando em competição por excelência, por melhor qualidade dos serviços a um custo menor, e não em lucros ou vendas. Os objetivos das políticas públicas, entretanto, podem ser alcançados de forma efetiva mas não eficiente; é o que acontecia com a administração pública burocrática, para a qual o critério da efetividade – da capacidade do Estado de garantir a lei – domina o da eficiência. Já para a administração pública gerencial esse segundo critério é essencial: não basta que a administração pública garanta a execução da lei, ou, mais amplamente, das políticas públicas; é necessário efetivá-las com eficiência, ou seja, com uma satisfatória relação entre a quantidade e a qualidade dos serviços de um lado e seus custos do outro. Entre as muitas visitas que fiz em Londres naquele abril de 1995, a mais importante foi a realizada ao departamento de ajuda externa do governo britânico. Estávamos solicitando um projeto de assessoria, e fomos, naquele dia, apresentá-lo à diretora da consultoria que o governo inglês estava pretendendo contratar para realizar este trabalho no Brasil. Kate Jenkins era uma inglesa bem apessoada vivendo seus 50 anos. Alta servidora pública, ocupara diversas funções importantes, e a última delas o programa Next Steps. Em seguida se aposentara, e então se dispunha a assessorar o Brasil, apoiada por seu colega e outro notável intelectual e servidor público aposentado, William Plowden. Estabeleci imediatamente uma boa relação com ela e com a excelente equipe de consultores ingleses que a acompanhou nos três anos seguintes. Nenhum deles era um teórico. Eram todos homens e mulheres práticos, que haviam tido experiência recente na reforma gerencial britânica. Foram utilíssimos.

Também entre os intelectuais que então discutiam na Grã-Bretanha a *New Public Management* não havia formulações teóricas sistemáticas e gerais. O modelo brasileiro de reforma que desenvolvi em seguida não foi uma cópia do britânico, porque não havia, então, qualquer conceituação geral e sistemática como aquela que orientou a Reforma Gerencial de 1995. Ao fazer as visitas às organizações do Estado britânico, eu não parava de pensar em como aquelas experiências poderiam ser aproveitadas no Brasil. Saindo de Londres, eu viajei para a conferência internacional sobre administração pública que ocorria, então, em Santiago de Compostela, na qual eu deveria falar no final do segundo dia de minha estada. Pela manhã, sentei-me com Ângela Santana para planejar o que diria. E foi então que desenhei pela primeira vez a *matriz teó-*

rica da reforma – uma matriz que, de uma maneira simples e geral, dava conta de toda a reforma, distinguindo, no aparelho do Estado, as atividades exclusivas de Estado (localizadas no núcleo estratégico e nas agências executivas ou reguladoras) das atividades não-exclusivas que não envolviam poder de Estado, como é o caso principalmente dos serviços sociais e científicos prestados ou financiados pelo Estado, e relacionando-a, em termos de gestão, com as formas burocrática e gerencial de gestão, e, em termos de estrutura, com as secretarias e departamentos, as agências executivas (que continuariam propriedade estatal) e as organizações sociais que, de propriedade pública não-estatal, deverão crescentemente se encarregar dos serviços sociais e científicos. Uma matriz que foi reproduzida em toda parte, porque combinava um nível elevado de abstração com a resposta prática às tarefas que deveriam ser gradualmente executadas para que a reforma gerencial fosse transformada em realidade. Como esse quadro já foi muito divulgado, incluo aqui, como Quadro 2, outra versão dele que utilizei em um trabalho recente no qual fiz uma síntese da teoria (Bresser-Pereira, 2007b).[9] Tem a vantagem de deixar mais claras as formas de propriedade e respectivas organizações.

Quadro 2: Atividades, Formas de Propriedade e Respectivas Organizações

	Propriedade Estatal	Propriedade Pública Não-estatal	Propriedade Corporativa	Propriedade Privada
Núcleo estratégico do Estado	Políticos e alta-burocracia	–	–	–
Atividades exclusivas de Estado: formulação de políticas	Secretarias	–	–	–
Atividades exclusivas de Estado: executivas, de fiscalização	Agências	–	–	–
Atividades de advocacia política ou controle social	–	Organizações de responsabilização social	–	–
Oferta de serviços sociais, culturais e científicos	–	Organizações sociais e outras sem fins lucrativos	–	–
Defesa de interesses corporativos	–	–	Sindicatos e associações	–
Produção de bens e serviços para o mercado	–	–	–	Empresas

5. A EQUIPE E O *PLANO DIRETOR*

Ao assumir o Mare, minha primeira tarefa foi, naturalmente, formar a equipe. As primeiras pessoas que contratei foram Ângela Santana, Secretária da Reforma do Estado, Claudia Costin, Secretária Executiva, e Regina Pacheco, presidente da ENAP – as duas primeiras minhas ex-alunas e orientadas de mestrado em Administração Pública na FGV como também o fora Evelyn Levy, que logo se juntou ao grupo; a última, minha jovem colega na mesma escola. A essas quatro magníficas servidoras, a Paulo Modesto, meu assessor jurídico, e a José Walter Vasquez, meu chefe de gabinete, juntaram-se muitos outros que citarei na medida em que apareçam na história que estou contando. Destaco principalmente Carlos Pimenta, em cuja gestão na Secretaria de Logística e Tecnologia da Informação foram estabelecidas as bases conceituais e tecnológicas para todo o avanço dos últimos anos nas compras públicas federais, principalmente sob a forma de pregão. Coube a ele também secretariar o Conselho da Reforma do Estado ao qual me referirei no parágrafo seguinte. Esta foi uma bela equipe – uma equipe entusiasmada com o projeto de reforma da qual fizeram parte vários gestores públicos, entre os quais Pedro César de Lima Farias, Ciro Cristo Fernandes e Frederico Durão Brito. A carreira dos gestores havia sido criada em 1989, ainda no quadro da tentativa de reviver a Reforma Burocrática de 1937 através da Constituição de 1988, mas para ela fora realizado apenas um concurso, e depois esquecida. Embora sabendo que seus membros poderiam reagir negativamente às novas ideias, transformei imediatamente essa carreira no centro das minhas atenções em relação aos recursos humanos necessários para a reforma. A primeira coisa que fiz, ainda no processo de recrutamento de pessoal para formar a equipe, foi fazer uma reunião com cerca de 30 gestores para expor-lhes as ideias de reformas e convidá-los a delas participar. Eles ficaram surpresos com minha iniciativa, porque o sentimento geral entre eles era o de que sua carreira fora abandonada já que para ela só havia sido feito um concurso, em 1989. Em seguida, retomei os concursos públicos, e os tornei anuais, começando por essa carreira, ou, mais amplamente, pelas carreiras do *ciclo de gestão*, que inclui também os gestores do Ministério da Fazenda e do Ministério do Planejamento. E, a partir da confirmação através de uma pesquisa de que os salários da alta administração pública brasileira, naquela época, eram substancialmente inferiores aos de administradores privados realizando tarefas semelhantes, passei a promover o aumento dos salários das carreiras de Estado.[10]

Nesse trabalho, contei com a colaboração de Nelson Marconi e de um extraordinariamente operoso Secretário de Recursos Humanos, Luiz Carlos Capella, que, entre outras coisas, me ajudou a eliminar uma incrível quantidade de privilégios que constavam, até aquela época, da Lei do Regime Único. Uma administração pública não precisa de muitos servidores, mas aqueles de que precisa devem ser de alto nível, porque as tarefas que realizam são estratégicas não apenas para o próprio Estado, mas para toda a Nação.

Também de alto nível foi o Conselho da Reforma do Estado que criei, e no qual discutimos os grandes problemas que relacionavam o Estado e sua administração pública com a sociedade brasileira. Esse conselho reunia-se a cada três meses, rotativamente em Brasília, São Paulo e Rio de Janeiro. Formado por empresários, intelectuais e servidores públicos, participaram dele Antonio Ermírio de Moares, João Geraldo Piquet Carneiro, Joaquim Falcão, Celina Vargas, Antonio dos Santos Maciel, Sergio Abranhes, Mailson da Nóbrega, Hélio Mattar, Luiz Carlos Mandelli, Gerald Dinu Reiss, Jorge Wilheim e Lourdes Sola. Além dos problemas diretamente relacionados com a reforma, como foi o caso das agências reguladoras, o conselho, sob a coordenação dos dois últimos membros citados, organizou em São Paulo, no Memorial da América Latina, um grande seminário internacional que trouxe ao Brasil os grandes nomes mundiais cujas contribuições estão no livro *Sociedade e Estado em Transformação* (1999).

Iniciei a reforma gerencial no Brasil e ajudei a dar um empurrão nela em nível de América Latina. Isso foi possível porque, entre 1995 e 1998, fui presidente do CLAD (Centro Latino-americano de Administração para o Desenvolvimento) – pequeno órgão multilateral dedicado à administração pública, com sede em Caracas. Quando assumi sua presidência, o órgão estava em profunda crise, mas tinha como objetivo "reformar o Estado na América Latina". Mudei o objetivo da instituição para que ela tivesse o objetivo mais modesto de debater e difundir as ideias da reforma gerencial; defini como tarefa principal do CLAD realizar um grande congresso anual que praticamente se autofinanciaria; e promovi o primeiro no Rio de Janeiro. Foi um enorme sucesso. Desde então todos os anos o CLAD realiza seu congresso em algum dos países membros, com grande afluência de pessoas. Em 1998, no Congresso de Madri (Espanha e Portugal também fazem parte do CLAD), o conselho de ministros que dirige o CLAD aprovou a declaração de Madri, *Uma Nova Gestão Pública para a América Latina*, que definiu as bases da reforma gerencial para a região (CLAD 1998). No CLAD, contei com a magnífica colaboração de Nuria Cunill Grau, e de toda uma equipe que soube naquele momento compreender a importância da mudança que estava ocorrendo. Nuria, ao promover a tradução de meus trabalhos para o espanhol, ajudou a torná-los conhecidos na América Latina. Para a realização do meu trabalho, além da equipe do Mare, contei com alguns apoios externos. Na área jurídica, Antônio Augusto Anastasia, que era então Secretário Executivo do Ministério do Trabalho, foi de grande ajuda. Administrativista competente, ele me assessorou principalmente na formulação da lei das organizações sociais. Depois, como Secretário do Planejamento e Vice-governador de Minas Gerais, ele lideraria naquele estado uma grande reforma gerencial para a qual contou com a colaboração de um grande número de membros da equipe Mare. Entre os intelectuais brasileiros e estrangeiros, contei também com apoios significativos.[11]

A Reforma Gerencial de 1995 constituiu-se, inicialmente, de um documento, o *Plano Diretor da Reforma do Aparelho do Estado*, e de um projeto de emenda constitucional que, depois de três anos de discussão no Congresso, se transformou na Emenda 19, de abril de 1998. Sobre essa emenda, já escrevi um trabalho, "Reflexões sobre a Reforma Gerencial Brasileira de 1995" (Bresser-Pereira, 1999) que, embora não apresente os detalhes do processo de formulação e aprovação da emenda, contém uma análise de como eu busquei, além de informar a opinião pública (cuja atitude era positiva), formar uma coalizão política favorável a ela que envolvesse, de um lado, a alta burocracia pública brasileira (sem ela, nenhuma reforma poderia ser feita) e, de outro, os governadores e prefeitos das grandes cidades. Agora, quero apenas salientar a contribuição de dois colaboradores: a de Paulo Modesto, um jovem jurista baiano, que me permitiu dar alta qualidade jurídica ao texto, e a de Jaura Rodrigues, minha assessora parlamentar, que trabalhou sem descanso e com efetividade pela emenda. Também foi importante, tanto para a concepção quanto para a aprovação da emenda no Congresso, a colaboração dos secretários de administração dos estados cujo fórum anual eu apoiei de forma decidida. Não apenas porque via nos secretários de administração aliados políticos na luta pela emenda constitucional, mas também porque sabia da importância da troca de experiências administrativas entre eles.[12] O maior obstáculo que ela enfrentou foi, curiosamente, interno. Fortalecido pelo fato de o presidente haver designado para ser seu interlocutor Eduardo Jorge Caldas Pereira, seu Secretário

Geral, em vez de me haver atribuído o cargo, o relator designado para a reforma – o ex-governador do Rio de Janeiro, deputado Moreira Franco, – tentou alterar a emenda e dar a ela seu toque pessoal; nessa tentativa, apenas complicou o texto e dificultou sua aprovação. Consegui, entretanto, levar o trabalho a termo, porque, depois de dois anos de amplos debates e conversações, eu lograra o apoio da opinião pública, da alta burocracia pública, e – o que era o mais importante no momento – dos congressistas. E também porque Fernando Henrique manteve até o final seu apoio, percebendo que seu governo ficaria, entre outras coisas, marcado pela reforma gerencial.

O grande documento da Reforma Gerencial de 1995 foi o *Plano Diretor*. Decidi elaborá-lo na minha volta de Santiago de Compostela, usando como base para ele a matriz que havia lá desenvolvido, e que a partir de então constituía a base das muitas conferências que realizava. Para escrever o documento chamei dois competentes assessores, Caio Marini e Sheila Ribeiro, e forneci a eles o esquema do documento, que deveria começar por um diagnóstico e, em seguida, resumir a proposta de reforma. Pedi também a colaboração de Regina Pacheco e de Marianne Nassuno, esta minha ex-aluna de mestrado em Economia, para me ajudarem a pensar e pesquisar dados. Para levantar os dados para o diagnóstico, chamei meu ex-orientado de mestrado e doutorado, Nelson Marconi, que além de colaborar para o *Plano Diretor*, a partir de então se encarregou de formular uma nova política de recursos humanos, e de estruturar e passar a publicar regularmente informações sobre a administração pública federal em um Boletim Estatístico regular – uma tarefa essencial dada a inexistência de uma publicação que organizasse, arquivasse e publicasse informações e dados sobre a administração federal.

A primeira versão do *Plano Diretor* ficou pronta em julho. Discuti o plano com todos os meus assessores, ao mesmo tempo em que continuava a debater a reforma em todos os fóruns em que tivesse oportunidade de participar. O número de conferências e de entrevistas aos jornais de que participei então, em todo o Brasil, foi enorme. Informado por mim que o plano estava pronto, o presidente sugeriu que na sala oval de reuniões do ministério do Palácio do Planalto houvesse uma reunião de todos os secretários executivos dos ministérios, para que eu apresentasse e discutisse o *Plano Diretor*. O objetivo era discutir as ideias com os principais responsáveis pela eventual implantação da reforma nos ministérios, e verificar se eles a aprovariam. Era mais um teste crucial a que era submetida a reforma – um teste que se provou bem-sucedido porque todos os secretários executivos manifestaram sua concordância com as novas ideias. Em seguida, já em setembro, apresentei formalmente o *Plano Diretor* à Câmara da Reforma do Estado, constituída dos ministros mais diretamente interessados nas questões relativas à gestão pública. O plano foi aprovado com elogios. Entre estes, aquele que mais me marcou foi o de Martus Tavares, que representava o Ministro do Planejamento e Orçamento naquela reunião, e que mais tarde seria ele próprio Ministro do Planejamento, Orçamento e Gestão. Disse ele, então: "Pela primeira vez vejo um programa de reforma do Estado coerente e completo".

Estando o plano aprovado pela Câmara da Reforma, providenciei a sua publicação pela Imprensa Oficial. Ao mesmo tempo, sabendo que no Brasil, dada sua tradição jurídica formalista, os planos ou "livros brancos" precisam de uma chancela oficial, solicitei ao chefe da Casa Civil que levasse ao presidente para assinatura um decreto, portaria, ou qualquer outro instrumento afirmando que o *Plano Diretor* passava a ser uma política oficial do governo. Entretanto, por mais que insistisse, não logrei o que pedia, e não me foi dada qualquer explicação razoável. A verdadeira explicação, entretanto, estava no fato de que os dois ministros do Planalto tinham problemas com a reforma gerencial. Eduardo Jorge, nas reuniões iniciais em que ela fora discutida com os ministros, expressou seu desacordo. Clóvis Carvalho, que tinha uma experiência na administração de empresas, e é um competente gestor e uma pessoa da melhor qualidade, apoiava a reforma, mas não a entendia. Confundia a reforma, que era necessariamente institucional, exigindo ampla modificação legislativa, com uma mudança de estratégia administrativa decidida informalmente pelo governo, como acontece nas empresas cujas reformas são apenas decididas por seus diretores. Para realizar a reforma gerencial, ele supunha que poucas mudanças institucionais fossem necessárias. O mais importante era introduzir nas diversas unidades do Estado o espírito e a prática gerencial como ela se manifesta, por exemplo, nos programas de qualidade total. Essa visão limitada manifestou-se durante os quatro anos em que estive à frente do Mare, e foi um obstáculo à reforma, já que o ministro chefe da Casa Civil tinha o controle da assinatura do presidente. Diferentemente do que acontece nos grandes ministérios, onde há grandes orçamentos e, também, autonomia para tomar decisões internas, o Mare era um ministério muito pequeno – na verdade uma secretaria da Presidência de nível ministerial – que, no entanto, requeria que suas políticas, uma vez que afetavam toda a administração pública, fossem aceitas por todos os demais ministérios. Por isso, a assinatura do presidente era essencial, e as dificuldades que tive em obtê-la foram enormes, por mais que eu procurasse um diálogo amigável e franco com Clóvis. Da Casa Civil vinham geralmente vetos; raramente ajuda. Não compreendia com a clareza necessária algo que estava expresso no próprio *Plano Diretor*: que a reforma tinha, além da dimensão gestão, a dimensão cultural e a institucional.

No caso do *Plano Diretor*, não obtive essa assinatura formal, de maneira que nos anos seguintes, embora o plano houvesse sido aprovado pela Câmara da Reforma do Estado, eu não podia usá-lo como fonte de autoridade. Este fato, entretanto, não impediu que a reforma avançasse em nível federal, e – o que é mais importante – que o plano se tornasse um marco de referência não apenas federal, mas nacional graças à ampla repercussão que teve também em níveis estadual e municipal. Além do diagnóstico, o plano continha uma proposta de reforma inovadora e realista, que buscava fortalecer a organização do Estado, torná-la mais capaz e eficiente, e indicava os meios para isso, os quais não eram apenas estratégias de gestão, mas também mudanças estruturais nas diversas unidades ou organizações do Estado – mudanças na forma de propriedade, como era o caso da criação das organizações sociais. Esse fato foi reconhecido pela sociedade brasileira, e era isso o que mais importava.

Naqueles quatro anos, eu e os principais membros da minha equipe nos envolvemos em um grande debate nacional. O Mare era um ministério pequeno, com poder muito limitado, mas nós o transformamos em uma fonte de ideias e em um espaço de debates. Para isso, além das muitas palestras, escrevi muito: escrevi artigos de jornal; escrevi vários *papers*, entre os quais um sobre os *direitos republicanos* – um trabalho, portanto, de teoria política que, segundo observou meu amigo e grande administrativista Celso Antônio Bandeira de Melo, constitui a base teórica mais geral da reforma que estava propondo; escrevi um livro, *Reforma do Estado para a Cidadania* (1998); organizei respectivamente com Peter Spink (1998), Nuria Cunill Grau (1998), e Jorge Whilheim e Lourdes Sola (1999), três livros; e o Mare e a Enap passaram a publicar textos para discussão. Eu brincava com minha equipe e, principalmente, com Letícia Schwarz e Vera Petrucci, que estavam mais diretamente envolvidas no trabalho de difusão das ideias e organizaram um dos primeiros livros sobre a reforma (1999), dizendo: "Nosso ministério pode ser pequeno e não ter poder, mas nós transformamos o Mare e a Enap em uma pequena universidade". Não era bem verdade, mas indicava o quanto, naquele momento, o poder do Estado se confundia com o poder das ideias.

6. Responsabilização, Governança e Democracia Participativa

Do ponto de vista estrutural, a característica fundamental da reforma gerencial é a de associar formas de propriedade distintas a tipos de atividades também distintas; mais especificamente é a de transferir as atividades não exclusivas de Estado para o setor público não-estatal. A transformação dos serviços exclusivos de Estado em agências executivas ou em agências reguladoras depende de operarem em mercados monopolistas e terem como papel principal a definição de preços como se mercado houvesse (agências reguladoras), ou simplesmente estarem diretamente encarregadas da execução das leis e das políticas públicas (agências). As agências realizam principalmente trabalhos de certificação e de fiscalização com autonomia administrativa, as agências executivas diferenciando-se das reguladoras pelo fato de que as últimas definem os preços como se houvesse mercado para isso devendo ter certa autonomia decisória. Já as organizações sociais são entidades sem fins lucrativos, públicas não-estatais, financiadas pelo Estado, e por ele controladas através de contrato de gestão com definição de indicadores de desempenho. Essa é uma definição geral; não faz sentido uma definição legal, porque, além da lei federal, um grande número de estados e municípios definiram legalmente as organizações sociais. No quadro da reforma gerencial, Ruth Cardoso, preocupada em estabelecer um marco jurídico mais claro para as entidades "públicas não-estatais", promoveu a lei das OSCIPs (Organização da Sociedade Civil de Interesse Público). Na medida em que cada organização de interesse público logra ser reconhecida como OSCIP, passa a gozar de vantagens fiscais. A condição de OSCIP é mais ampla do que a de organização social, porque uma entidade sem fins lucrativos que já é uma OSCIP pode também ser considerada uma organização social, e nesse caso deverá ter um contrato de gestão com o Estado. A condição de "organização social" é atribuída pelo Estado mais seletivamente porque, em princípio, apenas grandes organizações de interesse público não-estatais justificam que se estabeleça um contrato de gestão; nos demais casos, basta um convênio quando o Estado lhes transferir recursos. Há adversários da reforma que ainda insistem em afirmar que as organizações sociais são uma forma de "privatização" do Estado – o que não faz o menor sentido. Na verdade, garantem maiores autonomia e flexibilidade a atividades que não são exclusivas de Estado, como é o caso dos serviços sociais, culturais e científicos, e possibilitam uma operação muito mais eficiente, ao mesmo tempo em que o Estado mantém o controle sobre a qualidade e o direcionamento desses serviços através do contrato de gestão e da auditoria por resultados. No caso da Reforma Gerencial de 1995, graças ao trabalho de Ângela Santana e de Humberto Falcão Martins, e ao espírito de inovação dos cientistas, logramos transformar em organizações sociais alguns centros de pesquisa científica, que, com isso, ganharam autonomia e eficiência. Muitos estados e municípios adotaram o modelo das organizações sociais, no caso de Minas Gerais, com o nome de OSCIPs. O maior êxito em termos de ganho em eficiência com organizações sociais é o caso das 15 grandes organizações sociais hospitalares do Estado de São Paulo, criadas no governo Mario Covas – não por acaso um dos estadistas que o Brasil teve no século XX. Estudos realizados mostram que apresentam alta qualidade médico-hospitalar e custos substancialmente menores do que os dos hospitais estatais. Recente e amplo estudo de Costa, Ribeiro e Mendes mostra que os hospitais OS, comparados com hospitais estatais, apresentam evidências de maior eficiência e qualidade do que os hospitais estatais: menor taxa de mortalidade, menor tempo de permanência em leitos e em cirurgia, maior taxa de ocupação de leitos e maior taxa de rotação de leitos. As organizações sociais também se provaram melhor em eficiência técnica (maior número de altas por ano/leitos), menor gasto/leito e também menor gasto/alta. Um ranqueamento pelo Índice de Eficiência Organizacional demonstra que 9 entre os 10 hospitais mais eficientes são OS. O estudo também demonstra que a variação percentual de 1 ponto nos recursos alocados nas OS gera um incremento de 0,47 na quantidade de altas e a variação percentual de 1 ponto nos recursos alocados nos hospitais tradicionais gera um incremento de 0,22 na quantidade de altas. A comparação entre hospitais OS e os tradicionais revela que as OS possuem um orçamento 8,1% maior, mas saídas 42,8% maiores, ocupação 22,6% maior e custo médio 24,3% menor.[13]

Talvez o aspecto mais interessante dessa transferência da execução dos serviços sociais, culturais e científicos para as organizações públicas ou de interesse público não-estatais seja o fato de que essa forma de realizá-los permite que o Estado se limite a contratar servidores estatutários de alto nível que, além de participarem em conjunto com os políticos da formulação das políticas públicas, encarregar-se-ão de contratar os serviços e verificar sua execução. Dessa forma, o Estado, ainda que possa e deva ser grande do ponto de vista da despesa se pretende ser um Estado Social, pode ser pequeno em termos do quadro de pessoal, e contar com um pessoal altamente bem treinado e bem pago que supervisione serviços não-exclusivos de Estado. Uma mudança dessa natureza não acontece do dia para a noite. Nem tem um único caminho para chegar a bom termo. Trata-se, porém, de uma mudança que está ocorrendo em todo o mundo, porque aumenta a eficiência e a efetividade do Estado.[14]

Já sob o ângulo da gestão, a grande mudança trazida pela reforma gerencial foi em relação às formas de *responsabilização* (*accountability*) ou de controle. O primeiro trabalho em que discuti o tema de maneira sistemática foi "A reforma do Estado nos anos de 1990: lógica e mecanismos de controle" (1997), no qual apresentei um amplo "leque de formas de controle" e identifiquei quais eram próprios de uma administração pública gerencial. A partir dali, passei a distinguir a forma burocrática da forma gerencial pelos mecanismos de controle ou de responsabilização que usam. Como resume o Quadro 3, enquanto a alta burocracia pública está baseada no controle por supervisão direta, em regulamentos precisos, e na auditoria de procedimentos, a gerencial baseia-se na responsabilização por resultados, na competição administrada por excelência, na responsabilização social e na auditoria de resultados. Não se tratam de mudanças radicais, porque as antigas formas não são abandonadas, apenas perdem importância relativa, mas a mudança da ideia de controle para responsabilização mostra que a abordagem é muito diferente. A responsabilização é também uma forma de controle, uma forma de exercício do poder, mas também é uma forma que envolve o próprio controlado na medida em que o torna responsável perante o superior hierárquico e, mais amplamente, perante a sociedade. Esta, em particular, exerce influência sobre a administração pública e mais amplamente também sobre o sistema constitucional-legal através da responsabilização social. Nos meus primeiros trabalhos, eu falava de *controle social*; corresponde à ideia de responsabilização social, mas esta é uma expressão mais adequada quando nos referimos à administração pública gerencial em sociedades democráticas.

Desde o *Plano Diretor*, dei ênfase ao papel da responsabilização social na administração pública gerencial. Essa ênfase não estava clara na minha primeira conceituação da reforma. Por isso, em uma exposição que fiz à Comissão do Trabalho da Câmara dos Deputados, por volta de maio de 1995, não mencionei o controle social. Minha velha amiga, Maria Conceição Tavares, da forma indignada que lhe é peculiar, cobrou-me o fato. Não precisou de um minuto para me convencer porque a falta de menção ao controle ou à responsabilização social fora um problema de esquecimento; eu sempre atribuí um papel importante às organizações da sociedade civil no controle e na assessoria aos políticos. A democracia participativa que muita gente pensa ser mera utopia é algo possível se a pensarmos não como uma alternativa à democracia representativa, mas como uma forma de democracia na qual os cidadãos, organizados em entidades públicas não-estatais de advocacia política ou de responsabilização social, têm um papel muito maior na definição de políticas públicas e na sua fiscalização do que na simples democracia representativa. A democracia continua representativa, no sentido em que cabe aos políticos eleitos representar os eleitores, mas os políticos e a alta administração pública que formulam políticas públicas passam a ser responsabilizados não apenas a cada quatro anos, nas eleições; graças às organizações públicas não-estatais de responsabilização social, são ou podem ser responsabilizados no dia a dia.

Quadro 3: Formas de Responsabilização

Administração Burocrática	Gestão ou Administração Gerencial
Supervisão direta	Responsabilização por resultados
Regulamentos precisos	Competição administrada por excelência
Auditoria de procedimentos	Responsabilização social
–	Auditoria de resultados

Desde os anos 1990, a partir das Nações Unidas e do Banco Mundial, em vez de se falar em administração pública, passou-se muitas vezes a se falar em "governança". Este termo, entretanto, em nível nacional, não é substituto de administração pública, mas é de "governo", enquanto essa palavra, além de significar o grupo de pessoas que dirigem o Estado, significa o processo de governar.[15] *Governo*, em uma sociedade democrática, é o processo através do qual uma elite de políticos vitoriosos em eleições e de altos burocratas públicos dirige o Estado-nação; já *gover-*

nança significa que desse processo participa um grupo maior de pessoas e entidades, e também que nesse governo existe, em maior grau, responsabilização social. *Governança democrática* e *democracia participativa* são, portanto, expressões semelhantes. Uma sociedade onde prevalece a governança democrática é uma sociedade em que o Estado enquanto sistema constitucional legal está deixando de ser uma mera democracia representativa para ser uma democracia participativa. Neste quadro, a administração pública gerencial, ao substituir o controle pela responsabilização, e ao dar à responsabilização social um papel político maior, é uma forma mais compatível com a democracia do que a administração pública burocrática. Esta foi pensada no quadro pré-democrático, do Estado Liberal, que se limitava a garantir o Estado de Direito ou os *direitos civis* – a liberdade. O Estado Democrático garantiu, adicionalmente, os *direitos políticos* – o sufrágio universal – e o Estado Democrático Social, os *direitos sociais*, e, mais amplamente, os *direitos republicanos* – o direito de cada cidadão de que o patrimônio público seja utilizado para fins públicos (Bresser-Pereira, 1997b).

Ora, a garantia dos direitos sociais e, mais amplamente, dos direitos republicanos, entre os quais avulta o direito ao ambiente natural protegido, não é própria da administração pública burocrática e do Estado Liberal, mas da gerencial, de um Estado Social e de uma democracia cada vez mais participativa.

7. Fracasso na Universidade, Êxito no SUS

Na primeira reunião da Câmara da Reforma do Estado, com a presença de Fernando Henrique, eu defini como objetivos de minha gestão no Mare promover a reforma gerencial do aparelho do Estado e contribuir para o necessário ajuste das contas públicas. Em relação ao primeiro objetivo, dividi os ministérios em três grupos: os econômicos, os de infraestrutura, e os sociais, e afirmei que daria prioridade aos últimos. Os primeiros tinham dinheiro e bons administradores economistas, argumentei; os segundos, não tanto dinheiro naquela época, mas bons administradores engenheiros; os da área social e científica, porém, não tinham nem dinheiro nem bons administradores, e não contavam com carreiras de administradores públicos. Por isso, daria prioridade a eles. Disse isso aos membros da câmara, e a Vilmar Faria, o extraordinário assessor especial do presidente, que seria um dos segredos do bom êxito do governo Fernando Henrique na área social. E me pus a campo. Verificaria em breve que o problema era saber se aqueles que eu queria auxiliar desejavam ajuda.

Em relação ao segundo problema, foi menos bem-sucedido. Meu entendimento era o de que o Estado poderia prestar serviços sociais, científicos e culturais em maior quantidade e com melhor qualidade desde que esses serviços fossem mais bem administrados. Embora a área social fosse uma prioridade muito clara no governo Fernando Henrique, o Ministério da Fazenda não estava interessado em um projeto que aliasse a reforma gerencial às ações do governo na área social. Por outro lado, usando minha antiga experiência como Ministro da Fazenda em 1987, procurei dar à reunião mensal da Subcâmara da Reforma do Estado, um papel ativo no ajuste fiscal, principalmente no que dizia respeito à extinção ou à redução de órgãos que haviam perdido sentido dentro do aparelho do Estado. Essa subcâmara incluía os secretários executivos dos ministérios presentes na Câmara: além do Mare, Casa Civil, Fazenda e Planejamento. Seja porque a Fazenda não estava muito interessada em ajuste (só se preocupava com a consolidação do Plano Real, custasse o que custasse), ou porque a Casa Civil não estava satisfeita com o papel que o Mare estava desempenhando nesta subcâmara, as reuniões desta foram interrompidas. O Mare, entretanto, logrou um tento quando, com a participação ativa de Pedro César de Farias, coordenamos um grupo de trabalho composto também pela Casa Civil e Ministérios do Planejamento e Fazenda para propor uma reestruturação do Governo, seguindo diretrizes do Plano Diretor. Como resultado, órgãos como a SUNAB, INAN, CEME e FAE foram extintos, e foi proposta a criação da Agência de Vigilância Sanitária. Ainda no quadro da reforma, mas com origem não no Mare, mas no Ministério do Planejamento, foi aprovada uma lei – a Lei de Responsabilidade Fiscal – que teria um papel importante nos esforços de ajuste fiscal não apenas em nível federal mas também em níveis estadual e municipal. Esta lei vinha completar a reforma financeira do Estado brasileiro que começara 13 anos antes, com o fim da Conta Movimento do Banco do Brasil – uma reforma da qual participei como Ministro da Fazenda em 1987 encaminhando para assinatura presidencial os últimos documentos necessários a ela. A participação do Mare na área fiscal foi desenvolver os sistemas de compras públicas por pregão, e contribuir para a melhoria dos sistemas de controle do gasto público realizado através do SIAFI, do SIDOR, do SIAPE e do SIASG – os dois últimos sistemas diretamente administrados pelo Mare.[16] Estes sistemas de registro do gasto público, também denominados de sistemas estruturantes, ou sistemas transversais de gestão, ampliaram a transparência do gasto público; não lograram, entretanto, dotar o país de um sistema de controle orçamentário efetivo na medida em que o orçamento brasileiro continua a ser autorizativo (autoriza as despesas), e não impositivo como deveria ser.

8. Fracasso na Educação, Sucesso na Saúde

Nos meus quatro anos à frente do Mare, houve sucessos e fracassos. O pior dos fracassos foi na educação superior; o maior sucesso, na saúde. Conto primeiro o fracasso. Quando assumi o Mare, já tinha clara para mim a ideia da organização social, e estava convencido de que as primeiras organizações federais que deveriam se transformar em organizações sociais eram as grandes universidades públicas federais. O fato de estas universidades serem estatais era e continua a ser a principal causa de sua alta ineficiência. Eram tão ineficientes quanto as universidades estatais francesas e alemãs – batidas em toda a linha pelas universidades americanas – onde professores de alta qualidade dedicados à sua tarefa de ensino e pesquisa vivem lado a lado e recebem os mesmos salários que professores incompetentes e ociosos. Conhecia bem as universidades americanas; ainda que os americanos as classificassem em "privadas" e "públicas", na verdade nenhuma é estatal; na prática, são todas um tipo especial de organização social, já que não há servidores públicos em seus quadros, contam com ampla autonomia administrativa e financeira, e são altamente competitivas entre si. Sabia que a Grã-Bretanha havia feito uma grande reforma nessa direção. Nos primeiros dias do ministério, ajudado por minha amiga e competente analista da administração pública brasileira, Gilda Portugal Gouvêa, assessora especial do ministro Paulo Renato de Souza, levei minha proposta ao Ministério da Educação. Depois de algumas reuniões das quais participaram quase toda a equipe dirigente do Ministério da Educação, o ministro decidiu adotar a proposta. Entretanto, três meses depois, enquanto ainda estávamos nos preparando para formular a reforma, a ideia tornou-se pública, e surgiram as inevitáveis críticas de "privatização" da universidade pública. A crítica mais violenta foi feita pelo reitor da Universidade Federal de São Carlos. Estas críticas sensibilizaram o secretário do ensino superior, Décio De Zagottis e também Eunice Durham, assessora especial do ministro, que não haviam se convencido plenamente da necessidade da reforma quando a havíamos discutido, e aconselharam Paulo Renato a abandonar o projeto – o que ele fez. Doze pró-reitores da Universidade de Brasília, que Darcy Ribeiro havia criado em 1960 de acordo com um modelo jurídico-administrativo semelhante ao das organizações sociais, fizeram-me uma visita para pedir que insistisse com o ministro no projeto da universidade. Clóvis Carvalho ainda tentou convencê-lo, em conjunto comigo, de que este era um erro, mas também não teve êxito. Sete anos depois, quando Paulo Renato estava terminando seu trabalho na direção do Ministério da Educação, após uma longa greve dos professores universitários, me disse: "Bresser, você tinha razão, a única solução para a universidade federal é a organização social".

O maior sucesso da reforma aconteceu em relação ao SUS – o Sistema Unificado de Saúde. O êxito aí ocorreu nos planos institucional, cultural e da gestão. A decisão de criar o SUS foi da Constituição de 1988, na qual se estabeleceu o Direito Universal aos Cuidados de Saúde. Entretanto, não estavam disponíveis nem os recursos orçamentários e nem a organização administrativa necessários para transformar o dispositivo constitucional em realidade. Organizado segundo a Norma Operacional Básica 93, o SUS vivia em plena crise. No final do governo Fernando Henrique, o quadro havia mudado completamente. Em 2005, o ex-deputado Eduardo Jorge Martins Alves Sobrinho, grande médico sanitarista brasileiro, disse em uma reunião internacional sobre o aquecimento global na qual eu estava presente: "Vocês deviam fazer o que nós fizemos na saúde, porque na saúde nós temos o SUS, que é um sistema extremamente barato, pois custa 85 centavos de dólar *per capita* por ano, quase dez vezes menos do que em outros países mais ricos, e fornece um serviço bastante razoável para os pobres no Brasil. Como conseguimos esse resultado? Com duas coisas: mobilização e descentralização". De fato, embora os serviços do SUS estejam longe de ser os ideais, são bons face aos recursos de que dispõem; pesquisas recentes mostram os níveis de satisfação com o SUS no Brasil por classe social; o grau de satisfação dos pobres, que dele se servem, é bem superior ao dos 25% mais ricos, que não utilizam o sistema e sim convênios particulares. Como ocorreram a mobilização e a descentralização a que se referiu Eduardo Jorge? Houve mobilização da sociedade, especialmente dos médicos sanitaristas que se associaram a mães de família e formaram uma grande comunidade de advocacia pública. Esta mobilização política foi um fator decisivo para que o Brasil se transformasse em um dos únicos países em desenvolvimento do mundo, se não for o único, que possui um sistema universal efetivo de cuidados de saúde. Os Estados Unidos até hoje não têm um sistema como este, lá existindo quase 50 milhões de cidadãos sem assistência de saúde. Aqui, todos contam com essa assistência, que não é ótima mas razoável. A mobilização foi fundamental para a implantação do SUS e continua sendo para a sua gestão, que, no quadro dos princípios da democracia participativa, ocorre através dos conselhos municipais de saúde, que são atuantes em todo o Brasil.

O segundo fator importante para o sucesso do SUS foi a NOB 96, a "descentralização" a que se referiu Eduardo Jorge ou, mais precisamente, a aplicação dos princípios da administração pública gerencial no SUS. Eu trouxe as novas ideias da minha visita à Inglaterra. E, além da experiência britânica, inspirei-me também na da Catalunha. Seguro de que tinha um bom sistema a propor, ao mesmo tempo inovador e adaptado à realidade brasileira, escrevi um documento, que depois se transformou no capítulo "Reforma Gerencial da Saúde" de meu livro *Reforma do Estado para a Cidadania* (1998), e manifestei ao Ministro da Saúde, Adib Jatene, o desejo de fazer uma palestra sobre o assunto no Ministério da Saúde. Não logrei, entretanto, convencer os presentes que, naqueles primeiros meses, ainda me viam como um neoliberal, e só fizeram críticas à minha proposta. Aproximadamente um mês depois, no salão Petrônio Portella, do Senado, onde acontecia uma grande reunião do sistema de seguridade brasileiro, fiz uma outra palestra e a reação foi semelhante. Ao mesmo tempo, em três ocasiões eu procurei explicar a Jatene minha proposta de reforma gerencial com a descentralização do SUS para os municípios, mas como a NOB 93, então em vigor, visava também à descentralização – e também porque naquele momento o grande cirurgião estava justamente lutando para obter uma fonte de financiamento orçamentária estável para o SUS –, nas três ocasiões ele me respondeu que aquilo que eu propunha era o que ele estava fazendo. A situação estava ficando desesperadora para mim. A sorte da reforma na saúde corria o mesmo risco que ocorrera com a educação superior. Mas tive, então, uma ideia salvadora. Em agosto de 1995, telefonei para o José Carlos Seixas, que era o secretário-executivo do Ministério da Saúde, e meu velho amigo e companheiro de trabalho no governo Montoro, um homem público inteligente e corajoso e um grande sanitarista. Disse ao Seixas um pouco sério, um pouco brincando: "Seixas, o seu ministro está me desclassificando", e continuei: "Toda vez que eu digo a ele que tenho um novo modelo de descentralização para o SUS, ele diz que é isso exatamente o que está fazendo. Gostaria que você viesse aqui ao Mare, e me reservasse uma tarde completa para que eu possa explicar no que consiste a reforma que eu estou propondo. Se você aceitar, ótimo; se rejeitar, desisto". Na semana seguinte, depois de duas horas e meia de explicação, argumentação e respostas a dúvidas, Seixas disse que concordava. Pensei em começar a escrever a nova NOB junto com ele, mas percebi que isso não era razoável dada a complexidade do problema e a necessidade de participação dos sanitaristas e da sociedade. Chamei então meu assessor, Luís Arnaldo Pereira da Cunha Jr., apresentei-o ao Seixas, e disse que, a partir dali, ele deveria assessorar diretamente o Seixas, que conduziria todo o trabalho; como eu era "neoliberal", não participaria dos debates que seriam necessários; o comando da reforma seria do Seixas e do seu ministro, que ele se encarregaria de convencer. A estratégia teve êxito. Seixas discutiu o sistema no Brasil inteiro com todas as comissões bipartites e tripartites da Saúde, as quais são muito importantes no modelo de gestão compartilhada do sistema nacional de saúde. Dois dias antes de deixar o cargo ao final de 1996, Adib Jatene assinou a NOB 96, começando, assim, a reforma gerencial do sistema de saúde pública brasileiro.

Antes da implantação desta norma, as Autorizações de Internação Hospitalar (AIHs) eram repassadas aos hospitais que, por sua vez, atendiam a população local. Oferta e demanda eram assim confundidas. Os municípios que possuíssem hospitais recebiam muitas AIHs, enquanto que os municípios que não as possuíssem ficavam muito mal servidos. Não havia uma distribuição racional das verbas orçamentárias, e o sistema de consultas médicas e triagem se confundiam com o de prestação de serviço hospitalar. A partir da NOB 96, o novo sistema começou a ser implantado gradualmente, de forma que, nos municípios que se revelavam capazes de se autoadministrar, as AIHs, em vez de serem entregues aos hospitais, passaram a ser distribuídas às prefeituras aproximadamente na proporção de sua população. Recebem, assim, AIHs aqueles que necessitam utilizar o serviço e não aqueles que os ofertam. Esta separação entre procura e oferta é fundamental no sistema gerencial. A procura ou o atendimento inicial e a triagem são realizadas geograficamente, por centros de saúde das prefeituras, de acordo com o local de residência da pessoa, enquanto a oferta é feita competitivamente por hospitais que não precisam estar no mesmo município. O prefeito, seu secretário de saúde, e o respectivo Conselho Municipal de Saúde administram todo o sistema. Sua autoridade direta é sobre o sistema de demanda; indiretamente, exercem poder sobre os hospitais autorizados a prestar serviços ao SUS, que podem ser estatais, organizações sociais, beneficentes, ou privados. O poder indireto sobre os hospitais está no fato de que os municípios podem escolher os hospitais não apenas de acordo com sua localização, mas também de acordo com a qualidade dos seus serviços. O sistema, na prática, não funciona exatamente assim; é muito grande e muito complexo para poder ser explicado de maneira tão simples. Mas as ideias centrais que orientam a administração do Sistema Universal de Saúde Brasileiro são essas. Elas foram adotadas pela comunidade da saúde, de forma que como eu pude averiguar na reunião da qual participei no Conselho Nacional de Saúde, no último ano de meu ministério, essa comunidade está plenamente identificada com a NOB 96, que julga corretamente ser uma criação dela. Foi a adoção dos princípios que estão nela definidos a causa fundamental do relativamente bom desempenho de um serviço tão fundamental. O SUS é hoje uma das grandes realizações da sociedade e do Estado brasileiro. A sociedade civil brasileira, portanto, se mobilizou para que houvesse no Brasil um sistema universal de saúde, e o Estado brasileiro não só buscou junto à sociedade os recursos orçamentários mínimos necessários, mas também, através de altos sanitaristas e gestores que dirigem o SUS está realizando uma reforma segundo os princípios gerenciais.

9. Conclusão

Termino este artigo sobre os primeiros passos da Reforma Gerencial de 1995 ou Reforma da Gestão Pública de 1995 com uma referência à decisão do presidente Fernando Henrique de extinguir o Mare. Um acadêmico chegou a escrever um trabalho no qual apresentava esse fato como a "prova" de que a reforma fracassara. Esta inferência até poderia ser correta se a extinção do Mare e a passagem de suas funções para o Ministério do Planejamento e Orçamento, que a partir de janeiro de 1999 passou a ser também "da Gestão", ocorresse porque o presidente chegara à conclusão de que a reforma gerencial fora malsucedida. Na verdade, a inferência não faz qualquer sentido, seja porque a sugestão de extinção foi minha, ou porque no Capítulo 9, "Estado e Crescimento Econômico" do livro que Fernando Henrique escreveu sobre sua presidência, *Arte da Política, a História que Vivi* (2006), em um capítulo significativamente dedicado principalmente à Reforma Gerencial de 1995, ele mostra sua satisfação e seu orgulho em havê-la realizado em seu governo.

Luiz Carlos Bresser-Pereira

Por que, então, no início de 1998, faltando um ano para terminar seu primeiro governo, eu propus ao presidente que no início do governo seguinte, para o qual ele provavelmente seria reeleito, fosse o Mare integrado ao Ministério do Planejamento? Essencialmente, porque baseado na experiência dos Estados Unidos e do Chile eu fiquei então convencido de que a reforma gerencial poderia avançar mais se estivesse em um ministério com o poder derivado da elaboração do orçamento federal. Quando visitei Washington, o vice-ministro (subsecretário) da administração assinalou que o "segredo" de sua ação derivava do fato de que sua sala estava literalmente ao lado da sala do vice-ministro do orçamento. No Chile, a implantação de planos estratégicos com contratação de metas pelas organizações do Estado estava sendo feita pela Secretaria do Orçamento (*Direción del Presupuesto*) vinculada ao Ministério da Fazenda. O Mare não tinha esse poder. Dependia exclusivamente de sua capacidade de convencimento. E nessa matéria fora bastante bem-sucedido. Mas administração não se faz apenas através de persuasão. Esta é importante, mas precisa ser combinada com decisão, e, para isso, era aconselhável transferir as funções do Mare para o Ministério do Planejamento que tem o poder do orçamento. O Mare não tinha condições de implementar reformas que dependessem de decisões orçamentárias, não tinha poder, por exemplo, para tornar obrigatórias a contratualização e a autonomia gerencial. Hoje, entretanto, acredito que teria sido melhor ter mantido o Mare, desde que o respectivo ministro contasse com a autoridade do presidente. Afinal, uma reforma administrativa só logra êxito se, além de responder às necessidades reais da administração pública, contar com o empenho pessoal do chefe do Governo. Os estados da federação não têm dúvida a respeito, já que em 20 deles existem secretarias da gestão ou da administração separadas das secretarias do planejamento. O Ministro do Planejamento fica de tal forma concentrado no orçamento que acaba deixando as reformas estruturais e a melhoria da gestão pública em segundo plano. Para agir nesta área, não é preciso muito poder; o que é necessário para o ministro é ter uma orientação correta, ser respeitado pelos seus pares e pela alta administração pública, e contar com o respeito e o apoio do presidente. Eu contei com tudo isso, e assim pude dar os primeiros passos de uma reforma que ainda precisa muito caminhar para poder ser julgada completa.

Luiz Carlos Bresser-Pereira é professor emérito da Fundação Getúlio Vargas. lcbresser@uol.com.br/www.bresserpereira.org.br. Agradeço os comentários de Carlos Pimenta, Humberto Martins, Nelson Marconi, Pedro César Farias e Rodolfo Marino.

NOTAS

1 Ou simplesmente Estado Social, ou *Welfare State*, ou Estado Providência; são expressões sinônimas.

2 O governo Lula tem criado OS de forma oblíqua, servindo-se do modelo genérico de serviço social autônomo para constituir organizações tais como a AGEVAP, APEX e ABDI. O risco é que o modelo de vinculação a resultados destas instituições não é tão robusto quanto o das OS. Talvez por essa razão, enviou ao Congresso projeto de lei criando as fundações estatais que são muito próximas conceitualmente das organizações sociais; mais fácil seria emendar a lei já existente.

3 São servidores públicos em sentido lato todos aqueles que são empregados do Estado, dele recebendo a respectiva remuneração. Por isso, os políticos nos parlamentos e em outros cargos públicos são servidores, como também são servidores os empregados de todos os tipos do Estado. Não há por que limitar a expressão aos servidores estatutários, admitidos no serviço público mediante concurso, como determina a Constituição.

4 Embora "administração pública" tenha também um sentido de processo de administrar, administração pública, aparelho do Estado e organização do Estado são expressões sinônimas. Na língua espanhola e na francesa essa ideia fica mais clara pelo fato de se usarem respectivamente as expressões *"función pública"* e *"fonction publique"*.

5 Este artigo foi apenas publicado no Brasil como Texto para Discussão ENAP nº 1: "A reforma do aparelho do Estado e a Constituição de 1988", disponível em www.bresserpereira.org.br. (Bresser-Pereira, 1995a). Foi também publicado em espanhol, na *Revista del Clad* (nº 4, 1995: 7-24).

6 O Plano Baker, assim denominado por ter sido proposto pelo Secretário do Tesouro James Baker em 1985, é o marco inicial do consenso de Washington.

7 O surgimento dos NICs (*newly industrializing countries*) nos anos 1970 marcou o início dessa competição – naquela época ainda não muito clara, mas hoje evidente para todos.

8 Pollitt (1993; 1994). CLAD – Centro Latinoamericano de Administración para el Desarrollo.

9 A matriz original, além de fazer parte do Plano Diretor (Mare, 1995), está em Bresser-Pereira (1996; 1998; 2004).

10 Este quadro está hoje completamente mudado. Os aumentos salariais para os administradores foram grandes, e, em certos casos, abusivos (Graeff, 2008).

11 Entre os brasileiros, saliento aqui Yoshiaki Nakano, Marcus Mello, Peter Spink, Fernando Abrucio, Edson Nunes, Maria Rita Loureiro, Livia Barbosa e Eli Diniz; entre os estrangeiros, Adam Przeworski, Ben Ross Schneider, Philippe Faucher, Oscar Oszlak, Juan Prats y Catalá e José Alberto Bonifacio.

12 Naquela época não havia ainda sido criado o CONSAD (Conselho Nacional de Secretários de Estado de Administração), que o foi em 2000. A participação na reforma os unira e fortalecera, e talvez esse tenha sido um fato que levou à criação do conselho.

13 Estudo realizado pelo Banco Mundial (Rinne, 2007) chegou a conclusões recentes. Embora não seja simples a comparação de custos por paciente, estima-se que para a mesma qualidade dos serviços as organizações sociais hospitalares apresentam um custo pelo menos 25% menor do que os custos verificados nos hospitais estatais (onde o quadro de pessoal é formado por servidores estatutários).

14 No Brasil, no governo Lula, houve, nesta matéria, um retrocesso: o governo passou a realizar concursos públicos para um grande número de carreiras que claramente não envolvem poder de Estado.

15 Faço essa restrição porque, em inglês, *government* não é um processo, mas sinônimo de Estado.

16 SIAFI – Sistema Integrado de Administração Financeira; SIDOR – Sistema Integrado de Dados Orçamentários; SIASG – Sistema Integrado de Administração de Serviços Gerais.

REFERÊNCIAS BIBLIOGRÁFICAS

BARZELAY, Michael (1992). *Breaking Through Bureaucracy*. Berkeley: University of California Press.

BRESSER-PEREIRA, Luiz Carlos (1995) "A reforma do aparelho do Estado e a Constituição de 1988". Texto para Discussão ENAP nº 1,1995. Disponível em www.bresserpereira.org.br. Também em *Revista del CLAD – Reforma y Democracia 4:* 7-24.

_____ (1996). "Da administração pública burocrática à gerencial". *Revista do Serviço Público*, 47(1) janeiro 1996: 7-40. Republicado *in* Bresser-Pereira e Spink, orgs. (1998): 237-270.

_____ (1997 [1998]). "A reforma do Estado nos anos 90: lógica e mecanismos de controle". *Lua Nova – Revista de Cultura Política*, nº 45, 1998: 49-95. Originalmente publicado em *Cadernos MARE da Reforma do Estado*, nº 1.

_____ (1998). *Reforma do Estado para a Cidadania*. São Paulo: Editora 34.

_____ (1999). "Reflexões sobre a reforma gerencial brasileira de 1995". *Revista do Serviço Público* 50(4): 5-28.

_____ (2004 [2008]). *Construindo o Estado Republicano*. Rio de Janeiro: Editora da Fundação Getúlio Vargas. Tradução de *Democracy and Public Management Reform* (Oxford University Press).

_____ (2007a). *Macroeconomia da Estagnação*. São Paulo: Editora 34.

_____ (2007b). "The structural public governance model", *International Public Management Review* 2007 8(1): 16-30.

BRESSER-PEREIRA, Luiz Carlos e GRAU, Nuria Cunill, orgs. (1999). *O Público Não-Estatal na Reforma do Estado*. Rio de Janeiro: Editora da Fundação Getúlio Vargas.

BRESSER-PEREIRA, Luiz Carlos e SPINK, Peter, orgs. (1998). *Reforma do Estado e Administração Pública Gerencial*. Rio de Janeiro: Editora Fundação Getúlio Vargas.

BRESSER-PEREIRA, Luiz Carlos; WILHEIM, Jorge e SOLA, Lourdes, orgs. (1999). *Sociedade e Estado em Transformação*. São Paulo: Editora da UNESP.

CARDOSO, Fernando Henrique (2006) *Arte da Política, a História que Vivi*. Rio de Janeiro: Editora Civilização Brasileira.

CLAD (1998). *Uma Nova Gestão Pública para a América Latina*. Caracas: CLAD – Centro Latinoamericano de Administración para el Desarrollo. Documento em Espanhol, Português e Inglês preparado pelo Conselho Científico e aprovado pelo Conselho Diretor do CLAD, 14 de outubro, 1998. Disponível em www.bresserpereira.org.br.

COSTA, Nilson do Rosário e RIBEIRO, José Mendes (2005). *Estudo dos Modelos das Organizações em Hospitais Públicos*. Fundação para o Desenvolvimento Científico e Tecnológico em Saúde – Fiotec e Banco Mundial.

FAIRBROTHER, Peter (1994). *Politics and the State as Employer*. Londres: Mansell.

GRAEFF, Eduardo (2008) "Luta de classes no Brasil". *Folha de S.Paulo*, 3 de julho de 2008.

MARE – Ministério da Administração Federal e Reforma do Estado (1995). *Plano Diretor da Reforma do Aparelho do Estado*. Brasília: Imprensa Nacional, novembro 1995. Plano aprovado pela Câmara da Reforma do Estado da Presidência da República em setembro de 1995.

OSBORNE, David e GAEBLER, Ted (1992). *Reinventing Government*. Reading, Mass.: Addison-Wesley.

POLLITT, Christopher (1993). *Managerialism and the Public Service*, 2ª edição. Oxford: Blackwell.

_____ (2004). "From there to here, from now till then: buying and borrowing pulbic management reforms". Keynote address to Clad Ninth International Conference. Madrid, 3 november.

POLLITT, Christopher e BOUCHAERT, Geert (2000). *Public Management Reform*. Oxford: Oxford University Press.

RINNE, Jeffrey (2007). "Mejorando el desempeño del sector salud en Brasil: comparación entre distintos modelos de hospitales". *Revista del Clad – Reforma y Democracia* 37: 101-140.

Mérito e Flexibilidade Revisitados

Francisco Longo

1. Por que Insistir no Mérito e na Flexibilidade

Nos últimos anos, o discurso do mérito e da flexibilidade (Longo, 2004) tem sido amplamente divulgado nos países da América Latina (Longo e Ramió, 2008). A difusão da Carta Ibero-Americana da Função Pública ajudou para que isso aconteça, contribuindo para difundir a ideia de que as iniciativas e reformas que pretendam profissionalizar a gestão do emprego público devem combinar esses dois atributos para que tenham êxito. Alguns países, como a Colômbia e a República Dominicana, ao situar explicitamente a Carta Ibero-Americana no eixo de seus esforços de reforma institucional, têm feito dessas dimensões os ingredientes fundamentais das mudanças propostas. Assim, pois, tem sentido voltar mais uma vez ao tema, e insistir em argumentos já conhecidos, pelo menos em seus traços fundamentais?

Acreditamos que a resposta deve ser afirmativa, e que este primeiro Congresso do CONSAD se constitui em um bom foro para revisitar esses conceitos e reforçar algumas ideias em torno dos mesmos. Ocorre que, com alguma frequência, tropeçamos, tanto no debate como na prática, com dois tipos de argumentações que, mesmo aceitando a necessidade do mérito e da flexibilidade na gestão do emprego público, concebem as relações entre ambas as dimensões de forma, no nosso entender, errônea, e conduzem por isso a colocações equivocadas no terreno da reforma institucional. Vamos nos referir a essas duas linhas argumentais como a "falácia da sequência" e a "falácia do jogo de soma zero". Depois de descrevê-las, ilustraremos nossos pontos de vista com duas experiências recentes de reforma institucional do emprego público, desenvolvidas na Espanha e no Chile.

1.1. A "Falácia da Sequência"

Para alguns, a relação entre o mérito e a flexibilidade não é simultânea, mas sequencial. Historicamente, a substituição dos estados patrimonialistas pelos modernos estados de direito tem dado lugar a mecanismos de organização e gestão do emprego público configurados como sistemas de mérito, isto é, providos de garantias (acesso competitivo, estabilidade no emprego, progressão pelo mérito) características das burocracias Weberianas. Somente quando esses sistemas estavam plenamente consolidados foi que começaram a acontecer, nas democracias avançadas, as reformas de natureza *flexibilizadora*. Por conseguinte, afirmam os partidários desse enfoque, nos países onde não existem burocracias Weberianas consolidadas – como ocorre majoritariamente na América Latina – as iniciativas de profissionalização do emprego público devem centrar-se, em primeiro lugar, em construí-las. A preocupação por flexibilizar o emprego público corresponderia só a uma fase posterior.

Na nossa argumentação original já falávamos sobre essa questão (Longo, 2004, 272), e discordávamos desses enfoques, utilizando raciocínios que aludiam:

a) À frequente coexistência, nos modelos não-meritocráticos, de elementos de arbitrariedade e de rigidez. A aplicação da teoria da sequência poderia levar ao reforço desses últimos de forma tal que poderia favorecer, paradoxalmente, pelo menos em um primeiro momento, aqueles que se beneficiaram da arbitrariedade, do nepotismo ou do clientelismo. Em um contexto de não-mérito, o reforço à proteção e às garantias dos empregados atuais é, na realidade, um mecanismo de captura do emprego público por certos grupos corporativos interessados. Definitivamente, em muitos sistemas públicos não-meritocráticos a introdução de práticas flexíveis constitui também uma necessidade inadiável.

b) À necessidade, detectada em muitos casos, de fortalecer as garantias próprias dos sistemas de mérito nos países onde elas pareciam plenamente consolidadas, remete a uma dúvida difícil de aclarar: quando, e com base em quais critérios, se poderia considerar que o sistema de mérito está consolidado em um determinado país, e, em consequência, abordar uma segunda fase de reformas sem colocá-lo em perigo?

c) Ao previsível fracasso – falando em termos de economia política da reforma institucional – das iniciativas que se limitem a propor aos governos reformas que restringem a sua capacidade de decisão discricional, sem oferecer ao mesmo tempo, em troca, medidas capazes de incrementar a receptividade dos funcionários às prioridades políticas, à responsabilidade pelos resultados e, finalmente, à produtividade e à qualidade da gestão. Em outras palavras, renunciando aos incentivos que podem estimular alguns governantes a revisar as práticas de clientelismo.

A esses argumentos, poderíamos acrescentar outro que parece ser importante também. As reformas de inspiração puramente meritocráticas podem se centrar na modificação das regulamentações existentes sobre o emprego público, fazendo da reforma legal o eixo dos novos sistemas de garantias. Os esforços centram-se todos eles no período prévio à aprovação da norma: na redação, na busca dos acordos para levar o projeto adiante, nas negociações parlamentares. Logo, uma vez conseguida a promulgação, é de prever-se que o impulso reformador decaia e que a aplicação das novas regras caia em mãos de quem se limitará a realizar algumas adaptações formais, embora mantendo, no fundo, as rotinas preexistentes. Pelo contrário, nas reformas que combinam mérito e flexibilidade o mais provável é que prestem atenção ao processo e se vejam obrigados a combinar iniciativas de mudança normativa com as de desenvolvimento de novas capacidades internas, pondo em prática o uso de estratégias e mecanismos de gestão da mudança, o que as torna mais viáveis e sustentáveis.

1.2. A "Falácia do Jogo de Soma Zero"

Um segundo tipo de argumentação errônea, no nosso ponto de vista, é aquela que considera que o mérito e a flexibilidade são ingredientes necessários do emprego público, porém que cada um deles protege valores opostos, pelo que o incremento de uma das dimensões produza a redução da outra. A maior flexibilidade, menos mérito e vice-versa, ou seja, em termos de reforma institucional, a questão seria colocada na forma de achar o ponto de equilíbrio mais adequado para cada caso.

Na realidade, a questão depende do uso que se faça da noção de mérito e, mais concretamente, de falamos de mérito com um alcance formal ou material. Frequentemente, esse atributo do emprego público é pensado fundamentalmente na sua dimensão formal. Assim concebido, um sistema de mérito se converte em um conjunto de garantias sobre os procedimentos, cujos efeitos benéficos se produziriam – diríamos, juridicamente falando – *erga omnes*, isto é, projetando-se para o exterior dos governos e das organizações públicas e pensando nas necessidades da sociedade em seu conjunto. Posto que a sociedade precisa de administrações compostas por profissionais capazes de tomar decisões de acordo com a legalidade e protegidas da captura e da corrupção, é socialmente imprescindível criar essas garantias. O que conta aqui é que o acesso ao emprego público, à carreira e às demais práticas de recursos humanos não esteja contaminado pela ingerência da política ou de outros grupos de interesses.

Frise-se que, para dentro das organizações, isto é, para o governante ou dirigente público, as ditas garantias operam, basicamente, como limitações a suas decisões de manejo do emprego público, como condicionamentos que restringem sua margem de decisão discricional. São limitações que podem comprometer a eficácia das decisões e dos processos de gestão das pessoas e que necessitam, por isso, ser contra-atacadas mediante políticas flexíveis que restabeleçam um equilíbrio adequado para cada caso. Desta perspectiva, mérito e flexibilidade se localizariam no marco de um *trade off*, de um dilema fundamental que enfrentaria os requisitos de profissionalidade da ação pública, por um lado, e sua pretensão de eficácia, pelo outro, de modo tal que os avanços em um campo suporiam os retrocessos no outro, e vice-versa.

A questão muda, no nosso entendimento, de um modo fundamental, se nós abordássemos a noção de mérito na sua dimensão material ou substantiva. Nessa aproximação, as garantias do mérito protegem a profissionalidade da Administração porque conseguem que as decisões do manejo do emprego público persigam e assegurem a idoneidade das pessoas, a sua excelência profissional, isto é, o mais alto grau de adequação de todas as suas capacidades – de suas competências, diríamos no jargão contemporâneo dos recursos humanos – para o desempenho das tarefas que devem realizar. Para conseguir essa idoneidade, os instrumentos de gestão devem garantir adequadamente a busca, a escolha, o estímulo e a recompensa dos melhores para cada caso.

Deste ângulo, as decisões sobre o emprego devem ser meritocráticas nos governos e nas organizações do setor público, não só para proteger os cidadãos e os mercados da arbitrariedade e da corrupção, como, igualmente, por razões similares àquelas que fazem aconselháveis os arranjos meritocráticos também em outros tipos de organização, incluindo as empresas do setor privado. Ou seja, para produzir resultados de êxito de acordo com as estratégias e os objetivos de cada uma. A construção de sistemas baseados no mérito, quando visto dessa perspectiva, não é algo diferente ou separado da procura da excelência profissional ou, se preferir, da aspiração de dispor de uma adequada gestão do talento.

Deste ponto de vista, a profissionalidade dos servidores públicos deixa de se perceber como uma limitação à eficácia dos governos e se converte, pelo contrário, em um pré-requisito dela. A superação do butim, do clientelismo e da captura e a sua substituição por modelos meritocráticos de emprego público não apenas gera maior segurança jurídica nas sociedades que realizam ditas mudanças, como também produz bancos centrais, inspeções de tributos, polícias, hospitais e serviços sociais mais eficazes, eficientes e efetivos.

A relação entre o mérito e a flexibilidade deixa de ser de confrontação. Na realidade, contemporaneamente, se queremos perseguir a idoneidade das pessoas necessitaremos – no acesso, na carreira, na capacitação, na compensação – de fórmulas cada vez mais flexíveis, e essa flexibilidade reforçará, em lugar de debilitar, a dimensão meritocrática do emprego público.

2. MÉRITO E FLEXIBILIDADE EM DOIS PROCESSOS RECENTES DE REFORMA DO EMPREGO PÚBLICO

Duas experiências recentes de reforma institucional nos oferecem a possibilidade de explorar em que medida o mérito e a flexibilidade têm estado presentes, e até que ponto nestas iniciativas de mudança aparecem as falácias das quais estamos comentando. Falamos da aprovação do Estatuto Básico do Empregado Público, na Espanha, e da criação do Sistema de Alta Direção Pública, no Chile.

2.1. O Novo Estatuto Básico do Empregado Público na Espanha

As mudanças na gestão do emprego público na Espanha se enquadram dentro de uma reforma legal de amplo alcance, cujas finalidades básicas eram:

a) Criar um corpo regulador comum para todos os empregados públicos, aplicável às diversas relações de emprego (de direito público ou de direito trabalhista ordinário), aos diversos setores da ação pública (funções nucleares e periféricas, com maior ou menor grau de descentralização funcional), e aos três níveis de governo (nacional, autonômico e local).

b) Limitar essa regulação comum aos critérios básicos que devem caracterizar todo emprego público na Espanha, mas deixando uma ampla margem normativa aos Parlamentos autônomos, como corresponde a um Estado como o espanhol, amplamente descentralizado em 17 Comunidades Autônomas. (Na atualidade, mais de 75 por cento dos empregos públicos correspondem aos níveis subnacionais, e se acham sob a potestade normativa dos Parlamentos autônomos.)

c) Introduzir na legislação sobre o emprego público alguns critérios e medidas voltados a corrigir disfunções e modernizar na medida do possível a gestão do capital humano do setor público (INAP, 2005).

Na realidade, as finalidades de codificação (unificação da legislação dispersa) e de delimitação competencial (o que deve ser legislação básica e o que corresponde à legislação do desenvolvimento) têm prevalecido sobre o impulso modernizador, o que permite afirmar, com convicção, que os elementos de continuidade da reforma são maiores do que os elementos de mudança. Estes últimos têm-se orientado – como tem sido regra comum nos países da OCDE durante os últimos anos (OCDE, 2005) – na introdução de práticas mais flexíveis na gestão das pessoas. Contudo, faltam algumas medidas de fortalecimento das garantias meritocráticas, como, por exemplo, a maior profissionalização dos órgãos de seleção e a proibição de que formem parte deles os cargos políticos e os representantes sindicais. Como indicávamos antes, a preocupação pela solidez das garantias do sistema de mérito se estende, também, aos países de longa tradição nesse sentido.

Dentre as inovações mais destacadas do novo estatuto básico figura a possibilidade de projetar carreiras horizontais, isto é, a possibilidade de promover sem mudar de posto de trabalho nem ascender na hierarquia organizacional, a não ser mediante o reconhecimento da aquisição, pelo empregado público, de diferentes graus de excelência profissional no seu campo de atuação. Outra das novidades mais comentadas é a regulamentação da avaliação do desempenho, que se estabelece como obrigatória para a aplicação de certas políticas de recursos humanos, como a retribuição variável ou a promoção profissional.

Em ambos os casos, nos vemos frente a iniciativas de natureza flexibilizadora, tão comuns nos processos de modernização da gestão de pessoas, processos estes desenvolvidos nos últimos anos em muitos países, em especial no mundo desenvolvido (Nações Unidas, 2005). Não obstante, essas inovações têm também, no nosso entender, um componente meritocrático destacável.

Pensemos na carreira horizontal. Trata-se de uma política sem tradição nas organizações públicas espanholas. Conseguirá abrir caminho e consolidar-se? No nosso entendimento, depende de como fizerem as coisas. Se, aproveitando a possibilidade que outorga a nova lei, houver vontade de implantar com rapidez, sem a existência das capacidades instaladas necessárias, caberiam, então, duas possibilidades: a primeira, que as práticas de aplicação resultem em decisões arbitrárias; a segunda, que se acabe por recorrer à antiguidade, como único critério objetivo disponível. Em ambos os casos nos encontraríamos perante o *"trade off"* entre o mérito e a flexibilidade de que falávamos antes. A primeira possibilidade implicaria na flexibilidade sem mérito. A segunda, a utilização de um critério meramente formal de mérito, o que introduziria uma considerável rigidez no sistema, ou seja, iria em detrimento da flexibilidade. Tanto em um caso como no outro, nos veríamos diante uma evidente frustração das possibilidades de melhoria abertas pela inovação legislativa.

Para que a carreira horizontal se implante com êxito nas administrações públicas espanholas, será necessário que no interior de suas organizações se desenvolvam importantes capacidades – hoje praticamente inexistentes – para avaliar as competências e o rendimento das pessoas. O desenvolvimento desses subsistemas será, no que se refere a estruturas, processos, pessoas e tecnologias, aquele que permitirá implantar os novos modos de fazer. Se isso assim ocorresse, o êxito das reformas mostraria ao mesmo tempo avanços em flexibilidade (avaliação personalizada, vinculação entre rendimento individual e organizacional, novos incentivos), como também avanços em mérito, porquanto as decisões de promoção seriam capazes de unir o progresso das pessoas na sua carreira com o crescimento profissional devidamente constatado e avaliado.

FRANCISCO LONGO

Evidentemente, estamos falando aqui da noção substantiva ou material de mérito, entendido como idoneidade ou excelência profissional e não de sua dimensão meramente formal, como ocorria quando nos referíamos à antiguidade. Como víamos antes, o uso de uma visão substantiva do conceito de mérito faz com que ele seja não só compatível com a flexibilidade, mas também em boa medida, se nutra dela e a exija. Por isso, na verdadeira reforma institucional do emprego público, isto é, aquela que não fica apenas nas normas, mas que transforma a realidade e modifica o *status quo*, mérito e flexibilidade não decrescem entre si, pelo contrário, se retroalimentam, numa relação reciprocamente reforçadora.

2.2. A Criação do Sistema de Alta Direção Pública no Chile

Uma série de escândalos relacionados à falta de transparência nas remunerações dos cargos políticos produziu uma comoção no cenário político chileno no ano de 2003. Como consequência dessa crise, a coalizão de governo (de centro-esquerda) adotou com o consenso da oposição (de centro-direita) um pacote de medidas de reforma institucional, parte das quais afetou o emprego público e foi incluída em uma norma conhecida como "Lei do Novo Trato Trabalhista". Esta lei contém diversas reformas de natureza profissionalizante do emprego público, dentre as quais consta a criação de uma nova institucionalidade, cuja peça básica é a nova Direção Nacional do Serviço Civil (DNSC), configurada como organismo reitor do sistema de gestão dos Recursos Humanos do Estado. A parte mais ambiciosa dessas reformas afeta os cargos gerenciais do sistema público, e dá lugar à criação e ao surgimento do Sistema de Alta Direção Pública (SADP).

Em resumo, o SADP supôs a profissionalização, salvo algumas exceções, dos cargos superiores situados abaixo dos Subsecretários da Administração chilena (isto é, aqueles que se situavam no segundo e no terceiro escalões, embaixo do plano ministerial). Em uma primeira fase, isso implicava o acréscimo, ao Sistema, de 101 serviços públicos, em um total de 793 cargos, divididos em dois níveis, os quais eram providos, até esse momento, por designação política discricional.

A gestão do Sistema foi encomendada à DNSC, que atua sob a supervisão de um Conselho da Alta Direção Pública. Esse conselho é integrado pela Direção da DNSC, que o preside, e por quatro conselheiros nomeados pela Presidência da República, que os encaminha ao Senado para ratificação dos seus nomes com maioria de três quintas partes. Os membros do Conselho renovam-se por metades e gozam de uma ampla autonomia de decisão. Desde o princípio, o Conselho é integrado, de forma paritária, por personalidades próximas ao governo e à oposição. O Conselho recebe da DNSC as propostas em listas finais (3, 4 ou 5 candidatos), as valida e as remete, por meio do Ministério correspondente, à Presidência da República, quem é quem decide a nomeação (por 3 anos, prorrogáveis).

Do início de seu funcionamento até fevereiro deste ano, proveu-se 240 cargos no SADP, (53 no primeiro escalão e 187 no segundo), o que representa 30 por cento do universo total. Mais 197 cargos achavam-se em processos abertos de seleção. Até a presente data, todas as propostas da lista nominal haviam sido validadas pelo Conselho, por unanimidade, e nenhum dos processos tem sido objeto de impugnação judicial.

As pautas básicas do funcionamento do SADP são as seguintes: a DNSC elabora, conjuntamente com o serviço afetado, a descrição do cargo e o perfil do titular. Para esses efeitos, elaborou-se um modelo de competências para os dirigentes públicos que se adapta para cada caso concreto. Uma vez definido o perfil, elaboram-se as bases da licitação do processo de recrutamento e seleção, que se publica depois, e se encomenda a uma empresa especializada em seleção ou "head hunting" de dirigentes. É função da DNSC supervisionar o funcionamento do processo e a atuação da empresa adjudicatária, de quem recebe a proposta de lista que imediatamente será encaminhada ao Conselho para sua validação.

Uma função importante do Conselho é propor ao Ministério da Fazenda, para cada caso, o valor de uma retribuição complementar que leva consigo a inclusão de um cargo no SADP, e que deve ser fixada como dito acima, na medida do possível, a critérios de mercado, dentro dos limites da política orçamentária do Governo. A quantia dessa retribuição tem sido até agora a principal fonte de tensão entre o Conselho e a Direção do Orçamento.

A relação da DNSC com os dirigentes do SADP vai além da seleção. A DNSC é responsável pela elaboração dos modelos dos contratos de gestão que os dirigentes devem subscrever com seus ministros no momento de ascender ao cargo. Têm também a responsabilidade de velar pela avaliação desses dirigentes, por sua formação e, em geral, pelos aspectos da gestão dos recursos humanos aplicáveis a este segmento superior do emprego público.

A Alta Direção Pública chilena é, sem dúvida, fruto de uma reforma institucional de viés meritocrático. A preocupação dominante que subjazia no cenário político em que se gestou a reforma era dispor de uma administração pública mais impermeável à corrupção, para o qual se entendia como necessário implantar um sistema profissional de direção, protegido da ingerência política. Substituir o rateio político por critérios de mérito era a finalidade perseguida pelos reformadores.

Então, a fórmula que acabou cristalizando no SADP tem pouco a ver com os atributos próprios das velhas burocracias Weberianas. Pelo contrário, na experiência chilena é detectável uma série de traços que são exatamente os mesmos que caracterizam as reformas ocorridas em outros países que também perseguem a introdução da flexibilidade na gestão do emprego público. Desses traços, alguns dos mais destacáveis são:

a) O uso da descrição dos cargos e a definição dos perfis de competências como base dos processos de acesso ao emprego público.

b) Como consequência do que antecede, a utilização de instrumentos de seleção (CV, entrevista de seleção e outros) que incorporam uma carga de apreciação discricional baseada na *expertise* do recrutador, e afastada da fria objetividade burocrática que caracteriza as provas cognitivas ou a abonação de méritos formais.

c) A utilização do mercado do recrutamento e a seleção para as finalidades do SADP, renunciando à gestão direta da totalidade do processo.

d) A fixação de critérios de mercado como critérios para fixar a retribuição dos cargos incorporados ao sistema.

e) O uso dos contratos de gestão como mecanismo de responsabilidade dos gerentes pelos resultados.

Definitivamente, a experiência chilena é um bom exemplo da relação que estamos defendendo entre o mérito e a flexibilidade como componentes essenciais do emprego público. Mostra, por uma parte, como uma finalidade predominantemente meritocrática não tem por que procrastinar iniciativas e maneiras de fazer o que seria próprio, supostamente, de um estágio posterior de desenvolvimento institucional, desmentindo assim o que chamávamos "falácia da sequência". Por outra parte, fica evidente que, quando se persegue o mérito na sua dimensão substantiva, isto é, a seleção, a promoção e a recompensa dos mais idôneos, é imprescindível incorporar práticas flexíveis, ou seja, novas maneiras de fazer a gestão de pessoas, desconhecidas, e inclusas anatematizadas, pelo pensamento burocrático tradicional. Desse modo, desmentem-se também os pressupostos daquilo que chamávamos de "falácia da soma zero".

3. Conclusão

Esses casos – espanhol e chileno – mostram duas experiências de reforma do emprego público, abordadas com propósitos e contextos distintos. Neles, os ingredientes do mérito e da flexibilidade aparecem não só entrelaçados, como também se potenciando reciprocamente. As interações observáveis entre ambos desmentem os argumentos que temos caracterizado como falácias da sequência e da soma zero.

Em uma palavra, a experiência tanto no Chile, como na Espanha e outras mais, mostra que os sistemas públicos caminham, em ritmos diversos, em direção à construção de meritocracias flexíveis, utilizando, para projetar seus sistemas de emprego público, instrumentos capazes de reforçar simultaneamente ambos os atributos. Isso sim, o manejo dessa classe de organizações, flexíveis e meritocráticas ao mesmo tempo, requer o desenvolvimento de capacidades internas muito mais sofisticadas do que as que eram próprias das antigas burocracias públicas. A construção dessas capacidades é, na atualidade, um grande desafio para os governos e as organizações públicas de todos os países do mundo. Da mesma forma, sem dúvida, no Brasil e em toda a América Latina.

Tradutor: Ernesto Montes-Bradley e Estayes
Revisores Técnicos: Paulo Cesar Medeiros e Auxiliadora Azevedo

---

Francisco Longo é Diretor do Instituto de Direção e Gestão Pública da ESADE.
Universidade Ramon Llull
Barcelona, Espanha

Francisco Longo

REFERÊNCIAS BIBLIOGRÁFICAS

INAP (2005). *Estatuto Básico del Empleado Público*. Informe de la Comisión. Madrid, MAP.

LONGO, F. (2004b). *Mérito y Flexibilidad: la Gestión de las Personas en las Organizaciones del Sector Público*. Barcelona: Paidós.

LONGO, F. e RAMIÓ, C., eds. (2008). *La Profesionalización del Empleo Público en América Latina*, Barcelona: CIDOB.

NACIONES UNIDAS (2005). *Unlocking the Human Potential for Public Sector Performance. World Public Sector Report 2005*. UN Department of Economic and Social Affairs, New York.

OCDE (2005). *Modernising Government. The Way Forward*. Paris: OCDE.

Eficiência do Gasto Público no Brasil: incentivos na alocação dos recursos públicos[1]

Marcos Mendes

Este artigo parte de evidência empírica existente na literatura que indica que o setor público brasileiro gasta muito e com pouca eficiência. Argumenta-se que o elevado nível de gastos decorre da forma como está estruturado o sistema político brasileiro e da capacidade demonstrada pelo poder público para gerar receita fiscal. No que diz respeito ao baixo grau de eficiência, uma de suas causas parece ser a má alocação dos recursos públicos que, ao gerar excesso de verbas em algumas áreas, acaba criando incentivos para a aplicação pouco cuidadosa dos recursos nessas áreas; enquanto outros segmentos do setor público sofrem com insuficiência de verbas e não têm condições de oferecer serviços com padrão mínimo aceitável.

Uma forma de conciliar o controle do gasto com o aumento de sua eficiência seria a realização de reformas que redirecionassem os recursos públicos para as áreas onde eles gerariam maior nível de benefício social. Evidentemente tais reformas enfrentariam grande resistência dos beneficiários do atual modelo. Todavia, o texto argumenta que o Poder Executivo Federal (mais especificamente o Presidente da República e os ministros da área econômica, que têm maior interesse político-eleitoral no controle e na eficiência do gasto) dispõe de instrumentos suficientes para quebrar resistências e promover as reformas necessárias, bastando, para isso, ter uma agenda clara de reformas e estar disposto a pagar o custo fiscal necessário à formação de maioria no Parlamento.

O texto é concluído com uma lista de critérios e características que aumentariam as chances de sucesso das reformas fiscais, quais sejam: ter um programa de reformas claro, com prioridades bem definidas, já no primeiro dia de governo; restringir as reformas propostas ao Congresso sempre ao menor número possível, de forma a concentrar o poder de fogo do Poder Executivo na defesa de sua aprovação; evitar medidas que exijam regulamentação suplementar, fiscalização ou ação coercitiva para obrigar o cumprimento de conceitos contábeis passíveis de manipulação; colocar os instrumentos nas mãos das instituições e agentes que tenham incentivos para utilizá-los de forma adequada; abrir possibilidades de ganhos ou minimização de perdas para as partes potencialmente prejudicadas pelas reformas pretendidas; priorizar reformas que tenham poder de facilitar ou induzir as demais reformas.

EVIDÊNCIAS EMPÍRICAS DE ALTO GASTO E BAIXA EFICIÊNCIA

Comecemos pelas evidências de que o Brasil gasta muito e mal. Ribeiro (2008) apresenta um *ranking* de eficiência de dezessete países da América Latina. Seu trabalho utiliza o método de "envoltória de dados" (DEA, na sigla em inglês), que procura medir quanto o setor público de cada país utiliza de insumos (recursos públicos) e quanto oferece de serviços (medidos por índices de qualidade em educação, saúde, administração, equidade e desempenho econômico).

Se plotarmos o resultado desse *ranking* em relação ao nível de gasto, chegaremos ao Gráfico 1, a seguir.

No eixo vertical temos o gasto em consumo dos governos em percentual do PIB e no eixo horizontal o *ranking* de eficiência. O que se observa é que para os primeiros colocados no *ranking*[2] há uma relação direta entre o gasto e a posição: reduções do gasto implicam na redução da eficiência. Isso indica que, estando em uma situação de maior eficiência, um aumento do gasto gera retornos mais do que proporcionais em termos de desempenho do setor público e, com isso, há melhora no escore de eficiência.

Há um outro grupo, formado pelos países que estão do meio para trás no *ranking*, em que a relação é inversa: um aumento do gasto piora o escore de eficiência. Esse gasto adicional parece ter impacto nos indicadores de eficiência em montante que não é suficiente para melhorar o escore, e o resultado é que a ampliação do gasto está associada a uma pior performance.

Gráfico 1 — *Ranking* de Eficiência do Setor Público
na América Latina e Gasto em Percentual do PIB

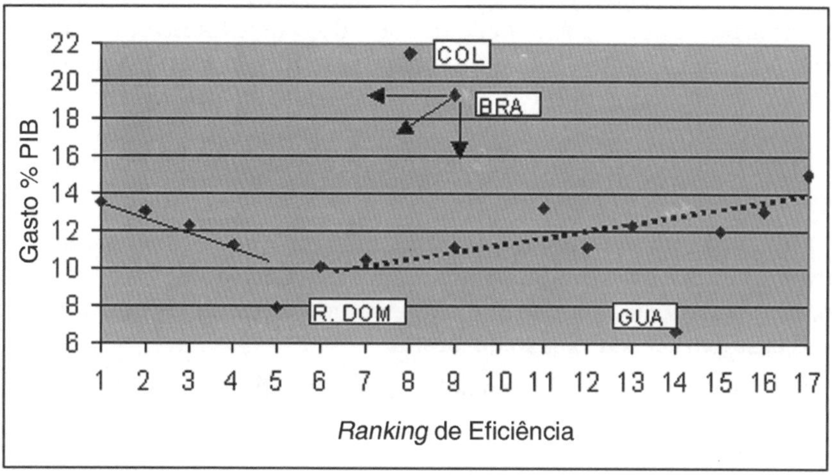

Fonte: Ribeiro (2008).

E temos, também, 4 *outliers*. A República Dominicana parece conseguir fazer muito com pouco dinheiro. A Guatemala gasta pouco, mas gera resultados ruins. E na parte de cima do gráfico temos Colômbia e Brasil, que gastam muito, mas não têm um escore de eficiência elevado. O Brasil é apenas o décimo colocado.[3]

Parte do gasto excessivo da Colômbia decorre das suas elevadas despesas na área militar.[4] Mas, e o caso do Brasil? Por que o Brasil gasta tanto e por que os resultados, em termos de eficiência, parecem insuficientes?

POR QUE O ESTADO BRASILEIRO GASTA MUITO?

Uma possível causa para o setor público gastar muito no Brasil é o fato de o Fisco ter alta capacidade de arrecadação. O Brasil se distingue dos demais países da América Latina nesse quesito. No México, por exemplo, o debate até poucos anos atrás era sobre como construir um sistema fiscal capaz de arrecadar mais e, sobretudo, reduzir a dependência que o Fisco tinha em relação ao petróleo.[5] Provavelmente o caso da Guatemala, mostrado no Gráfico 1, é de inanição fiscal e não de opção por gastar pouco.

Atualmente, os países da América Latina estão surfando no *boom* de preços das *commodities*, com impacto bastante positivo na receita fiscal, o que reduziu a preocupação com a incapacidade fiscal. Mas isso não vai durar para sempre. Depois que a maioria dos países controlou a inflação e não pôde mais contar com o financiamento inflacionário, a ação pública ficou muito dependente da capacidade institucional de arrecadação. E o Brasil, ao contrário dos demais países vizinhos, conseguiu montar, tanto na União quanto nos estados, máquinas arrecadadoras com muita capacidade de gerar receita.

Uma vez que se tenha dinheiro na mão, ou que se tenha capacidade para aumentar a arrecadação em resposta à decisão de aumentar gastos, uma condição necessária à expansão da despesa já estará cumprida. E esse parece ser o caso do Brasil.

Note-se que não há defesa sobre a tese de que há uma relação causal, em que uma maior arrecadação induz ampliação de gastos. O que se está dizendo é que, mesmo que seja vigente uma relação causal do gasto para a receita (mais gasto exige maior receita), o aumento da despesa só pode se concretizar se o Fisco tiver capacidade de aumentar a receita; dado que foram fechadas as torneiras de financiamento inflacionário. Portanto, a alta capacidade do Fisco brasileiro é uma *condição necessária* ao gasto elevado.

A efetiva expansão do gasto parece ser resultado do processo político. A decisão de gastar do governo é sempre uma escolha política. E tais escolhas são feitas com base nas condições, limitações e incentivos impostos pelo sistema político vigente em cada país. Por isso, é preciso procurar as causas da expansão do gasto no processo de decisão política.

E os cientistas políticos já apresentaram explicações para esse fenômeno:[6]

- O *sistema federalista de governo* gera um processo de barganha política em que as bancadas dos estados trocam apoio no plano federal por aumento de verbas para seus distritos eleitorais. Cria-se o fenômeno do poço comum, em que cada parte tenta empurrar o ônus fiscal para os outros e absorver o máximo possível de bônus.

- O *sistema eleitoral de lista aberta com representação proporcional* faz com que as campanhas políticas sejam individualistas, autofinanciadas e, em consequência, os eleitos exerçam seus mandatos com alto grau de autonomia em relação à direção partidária. Por isso, no momento em que o Presidente da República tenta formar uma maioria no Congresso, não basta negociar com as lideranças dos partidos, sendo necessário barganhar apoio individualmente com os parlamentares em troca de verbas públicas. As coalizões não são duradouras e, a cada votação importante no Congresso, é preciso reconstruir a maioria, o que é feito por meio de concessões como a *nomeação* de apadrinhados políticos para cargos públicos e empresas estatais; *expansão do número de ministérios* e de *cargos de confiança*; execução de despesas incluídas no orçamento por meio de *emendas parlamentares*.

- O *grande número de partidos* e a facilidade de se criar e manter partidos (sem cláusula de barreira eficaz) aumentam ainda mais a dificuldade de uma negociação centralizada com líderes partidários para formar maiorias.

- O *sistema presidencialista* coloca sob a responsabilidade direta do Presidente da República e dos ministros da área econômica a estabilidade de preços. É a performance político-eleitoral desses agentes que é diretamente ameaçada por um descontrole da inflação. Os demais ministros e parlamentares em geral não são julgados pelo eleitorado em função de sua maior ou menor contribuição para a estabilidade de preços; mas, sim, por suas performances nas respectivas áreas de atuação (quantas casas populares o Ministro das Cidades entregou; quantos reais um deputado conseguiu carrear para seu município; etc.). Assim, *a maior parte da classe política age como* free riders *no que diz respeito às políticas de estabilidade fiscal e monetária* e, portanto, trabalham para aumentar os gastos em suas áreas. Cabe ao Presidente da República e aos Ministros da área econômica perseguirem com afinco as metas fiscais e de inflação.

- *Abertura política antes da abertura econômica*: aqui surge um argumento de Tabellini (2005) que me parece bastante razoável: quando uma democracia surge num ambiente de economia aberta, com um sistema de mercado funcionando bem, com muito investimento direto estrangeiro, amplo comércio internacional, as regras dessa nova democracia tendem a consolidar um modelo econômico mais liberal. Mas quando a democracia surge em uma economia fechada, como foi o caso brasileiro nos anos 80, a presença do Estado na regulação e na intervenção direta é muito grande, e surge muito espaço para o populismo, para o redistributivismo de cunho eleitoral, que cria um modelo fadado ao baixo crescimento econômico. Quando se escreve uma nova Constituição em um ambiente como esse, os grupos de interesse bem posicionados politicamente naquele momento conseguem consolidar vantagens que são difíceis de remover da estrutura legal do país, devido às restrições institucionais, às mudanças constitucionais. Esse parece ser um retrato claro do caso brasileiro, que promoveu uma abertura política em um ambiente de economia fechada e governo grande.

POR QUE O ESTADO BRASILEIRO GASTA MAL?

É evidente que há causas históricas na baixa qualidade do gasto público brasileiro. Por exemplo, o secular baixo nível educacional da população (e, portanto, dos servidores públicos que prestam serviço à população) afeta negativamente a qualidade dos serviços. A desigualdade social também faz sua parte: a maior parte dos serviços públicos é usada só pelos pobres, de modo que as classes média e alta não se preocupam com sua qualidade.

Mas esses são problemas, cuja solução não está no âmbito da política fiscal. O que se pretende enfatizar no presente texto é a questão dos incentivos. Existem focos de privilégio na alocação de recursos públicos. Privilégios esses construídos no desenho institucional da Constituição de 88; momento em que a abertura política em ambiente econômico pouco competitivo gerou a possibilidade de criação e de consolidação de privilégios (como acima ressaltado). E onde há esses privilégios sobra dinheiro, que passa a ser usado de forma pouco cuidadosa. E muitas vezes essa ineficiência se irradia para outras áreas da administração.

A contrapartida desses focos de excesso de recursos é a escassez de verbas em outras áreas, que se tornam incapazes de promover serviços de qualidade, por mais que se esforcem para aplicar o pouco que lhes é destinado.

Alguns exemplos podem ser citados. O primeiro deles seria o dos Poderes e órgãos com "autonomia orçamentária": Judiciário, Legislativo, Ministério Público e Tribunal de Contas da União. A título de terem independência de ação em relação ao Executivo (questão fundamental para um sistema de equilíbrio de poder em um regime democrático), receberam, na Constituição, autonomia para formular seus orçamentos e acabaram dispondo de um regime de despesas sem limitação. Ao longo dos anos isso se traduziu em salários muito elevados, despreocupação com eficiência dos gastos e execução de projetos e programas de baixa relação benefício-custo.[7] Esse modelo acabou se reproduzindo nas esferas estaduais e municipais, potencializando o gasto e a baixa eficiência.

No campo dos recursos humanos, a não-regulamentação do direito constitucional de greve para os funcionários públicos viabilizou a formação de fortes associações sindicais, capazes de obter salários acima da média, gerando mais gasto e pouco incentivo para a elevação da produtividade. Ao poder de pressão por meio de greve, não se impõe aos servidores o custo potencial de demissão, corte de ponto ou outra punição. O resultado são greves de longa duração, com todo custo recaindo sobre a população e minimizando o poder de barganha do Governo.

Os critérios de distribuição aos municípios do Fundo de Participação dos Municípios, do ICMS e das compensações e *royalties* por exploração de recursos naturais são viesados e pouco racionais. Como resultado, enviam mais recursos para municípios que menos precisam de complementação de verbas, e deixam à míngua as periferias metropolitanas e cidades médias da Região Nordeste, onde abundam as carências de infraestrutura e serviços públicos. Esses mecanismos de financiamento também geram incentivos perversos, como a multiplicação de municípios, que acaba por elevar o custo fixo da administração pública, reduz a escala de produção dos serviços públicos e multiplica o número de máquinas públicas dos governos locais.[8]

O Banco Nacional de Desenvolvimento Econômico e Social (BNDES) pratica, há anos, uma política de direcionamento de crédito subsidiado para grandes empresas, que poderiam tomar recursos a custo de mercado. O *funding* para essas empresas é composto por recursos fiscais (o Fundo de Amparo ao Trabalhador – FAT), subtraindo recursos que poderiam ter aplicação com melhor impacto sobre distribuição de renda e qualidade dos serviços públicos.

Outra parte dos recursos do FAT é carreada para, supostamente, financiar programas de treinamento de trabalhadores. Contudo, não há supervisão adequada dessas verbas, que acabam servindo de financiamento para centrais sindicais, sem que haja clareza quanto à aplicação dos recursos.

As centrais sindicais patronais também se beneficiam de verbas do chamado "Sistema S", que também não reporta claramente os custos e benefícios dos projetos financiados por tal verba.

Há, ainda, o caso dos Fundos Constitucionais de Financiamento, utilizados como ferramenta de desenvolvimento regional. Os Fundos Constitucionais da Região Norte (FNO), da Região Nordeste (FNE) e da Região Centro-Oeste (FCO), formados por 3% das receitas do Imposto de Renda e do IPI, destinam-se a financiar investimentos privados naquelas regiões. A taxa de inadimplência é elevadíssima, a capacidade de cobrança dos bancos públicos responsáveis pela administração dos fundos é mínima, e ainda há o custo administrativo gerado por todo esse sistema.

Dívidas de grandes empreendimentos agrícolas junto a bancos públicos são permanentemente refinanciadas pelo Tesouro, a juros favorecidos e seguidos perdões por inadimplência. Os ganhos patrimoniais gerados por essas operações ajudaram a formar grande resistência política à implantação de modernos mecanismos de seguro da renda agrícola, tais como os seguros de crédito e de uso de mercados futuros como mecanismo de *hedge*.

Um dos caminhos para buscar mais eficiência do setor público brasileiro é, justamente, acabar com as ilhas de privilégio que representam, na prática, a disponibilidade de dinheiro público fácil e em excesso, o que incentiva o seu mau uso. É preciso impor restrições fiscais crescentes a esse tipo de uso dos recursos públicos através de medidas como:

- mecanismos para impedir a ampliação contínua de orçamentos de órgãos privilegiados (Judiciário, por exemplo);
- aperfeiçoamento dos critérios de partilha de recursos públicos, de modo que o dinheiro vá para onde há maior necessidade (*royalties*, FPM, ICMS);
- extinção dos subsídios a investimento privado via BNDES e Fundos Constitucionais, com redirecionamento dos recursos para investimentos em infraestrutura e educação, principalmente nas áreas mais atrasadas do país;
- criação e implantação de mecanismos de seguro da renda agrícola que não requeiram sucessivas absorções de passivo pelo Tesouro;

- redirecionamento das verbas do "Sistema S" e FAT para o sistema público de educação.

Obviamente, essa é uma pauta que está sujeita a forte resistência política de setores organizados e que contam com bancadas atuantes no Congresso. Tendo em vista as idiossincrasias do sistema político brasileiro, fica a pergunta: seria viável aprovar medidas de controle e redirecionamento dos recursos públicos? Qual seria o melhor caminho para controlar os gastos públicos e aumentar a eficiência desse gasto?

VIABILIDADE DE REFORMAS PARA REDUZIR E AUMENTAR A EFICIÊNCIA DO GASTO

Duas teses têm sido repetidas no debate cotidiano sobre política fiscal e controle de gastos no Brasil: a tese do corte na capacidade de financiamento do governo e a tese da reforma política como pré-condição para qualquer outra reforma.

A primeira delas foi muito veiculada na imprensa durante o debate acerca da renovação da CPMF, em dezembro de 2007, e consiste na ideia de que para conter o gasto público é preciso cortar o poder do governo de aumentar a carga tributária.[9] Essa estratégia talvez seja bem-sucedida no sentido de *conter o gasto*, dentro de uma moldura de política econômica em que haja determinação para o cumprimento de metas de superávit primário. Se a receita cai, a manutenção do superávit depende do corte de despesas.

Mas essa medida de restrição genérica à capacidade de financiamento do governo não parece ser adequada quando o objetivo é estimular o aumento na *eficiência* do gasto, porque os grupos que têm poder para se apropriar de verbas públicas continuarão a ter esse poder, e conseguirão se proteger dos cortes, mantendo-se intocados os incentivos ao uso ineficiente dos recursos. E o corte de gastos provavelmente recairá sobre a vítima de sempre: o investimento público em infraestrutura, cuja insuficiência é mais um componente da baixa qualidade do gasto público.

Quando o objetivo é elevar a eficiência do gasto, o que é preciso fazer não é cortar o financiamento do setor público de forma generalizada, mas, cortar o financiamento dos programas e dos setores privilegiados, nos moldes do que foi anteriomente descrito, pois é aí que está a fonte da ineficiência.

A segunda tese muito repetida é a de que a reforma política seria "a mãe de todas as reformas". Dadas as características do sistema político brasileiro, anteriormente descritas, em que o Presidente da República enfrenta dificuldade e custo fiscal para conseguir reunir uma maioria no Congresso, haveria uma impossibilidade de se fazer reformas de grande vulto, em especial aquelas que viessem a contrariar interesses bem estabelecidos no Congresso.

Contudo, dizer que é *difícil* e caro montar uma maioria no Congresso (como já afirmado) não é a mesma coisa que dizer que é *impossível* montar essa maioria. É preciso reconhecer que o sistema político brasileiro também dá grande poder de ação ao Poder Executivo: basta ter uma agenda bem definida e estar disposto a pagar o preço para a formação da maioria. O Presidente da República não é refém do Congresso, ele dispõe de ferramentas muito poderosas que, se usadas de forma concentrada, viabilizam a aprovação até mesmo de projetos de baixa popularidade.

O Poder Executivo tem à sua disposição as Medidas Provisórias, o poder de contingenciar a liberação de verbas do orçamento e a regra de Desvinculação das Receitas da União. Todos esses instrumentos podem ser usados como ferramentas de barganha em favor da aprovação de reformas.

Mesmo que a aprovação de uma medida de controle de gastos, ou de corte de privilégios na partilha de recursos, sofra forte resistência e precise ser barganhada em troca de elevação no gasto público, vale a pena fazê-lo se o resultado de longo prazo for positivo.

Como prova de que é possível aprovar reformas complexas e sujeitas à resistência, podem-se listar diversos sucessos recentes. Ainda que algumas reformas tenham ficado incompletas, o sucesso de algumas delas demonstra a capacidade de ação do Poder Executivo: Lei de Responsabilidade Fiscal, saneamento financeiro dos Estados, privatização dos bancos estaduais, sistema de metas de inflação, reforma do Judiciário, lei de falências, privatização do resseguro, reformas da Previdência. Essas são algumas das "vacas sagradas" protegidas por fortes interesses político-eleitorais que caíram por terra ao longo dos últimos anos.

Além disso, a baixa densidade ideológica de uma parcela significativa dos parlamentares e partidos favorece a negociação de reformas difíceis. Como a maior parte dos parlamentares não tem uma oposição programática ou dogmática a reformas fiscais, a aprovação dessas reformas é uma questão de se pagar o preço e de se contornar os estragos na imagem política daqueles que votarem a favor.

Outro fator importante é que a sociedade brasileira tem demonstrado capacidade de manter os avanços e evitar retrocessos em matéria fiscal e monetária, mesmo em medidas que sofreram e sofrem ataques constantes, como: autonomia do Banco Central, metas de resultado primário, privatização. Portanto, uma vez aprovados aperfeiçoamentos que controlem e aumentem a qualidade do gasto, eles tendem a ser preservados.

COMO AUMENTAR AS CHANCES DE SUCESSO DAS REFORMAS?

Existe uma crescente literatura dedicada a analisar as dificuldades para a realização de reformas econômicas.[10] São tratados temas como: a formação de maioria na sociedade e no Parlamento a favor das reformas; as estratégias para proposição das medidas; como superar as incertezas dos diversos grupos sociais acerca de sua situação após a reforma; a sequência mais adequada (que reforma deve ser aprovada primeiro, de modo a aumentar a probabilidade de aprovação das demais).

A aprovação desse tipo de matéria exige que o Poder Executivo (mais especificamente, o Presidente da República e os ministros da área econômica), em geral o maior interessado em aprovar reformas fiscais, tenha forte empenho e jogue todo o seu cacife político na aprovação de matérias dessa natureza.

Antes de tudo, *é preciso apresentar um projeto claro de reforma no início do mandato*, quando ainda está latente o peso político da grande votação recebida pelo Presidente, e quando ainda não houve tempo para que grupos de pressão ocupem espaço político junto à máquina pública.

É preciso, também, apresentar ao Congresso as medidas mais importantes dentro do conjunto de reformas possíveis. Não se deve gastar cacife político com a aprovação de reformas que não estão no topo da lista de prioridades.

Como afirmam Alston *et al.* (2005, p. 65), "*[reforms] have certainly concentrated the political energies of the country to the detriment of other issues*".

Reforça esse argumento a existência de um *problema de agenda*. Não há tempo disponível para se votar um grande número de proposições legislativas ao longo de um mandato presidencial. Um único tema de grande relevância, tal como a renovação da CPMF ou uma reforma do sistema previdenciário, ocupa toda a agenda do Legislativo durante meses. Emendas constitucionais exigem dois turnos de votação em cada Casa do Congresso (além de quorum e maioria qualificados).[11] A pauta do Congresso está frequentemente trancada em função da prioridade constitucional para a votação de medidas provisórias.[12] Há inúmeros recursos protelatórios à disposição de bancadas ou grupos contrários a uma matéria. Os recessos parlamentares (dois por ano) e os pleitos eleitorais (uma eleição a cada dois anos) paralisam, com frequência, as atividades do Congresso.

Por isso, é preciso escolher o(s) tema(s) mais relevante(s) para colocar em votação. Uma vez que se escolha o tema errado, meses de trabalho serão desperdiçados com um debate menos relevante.

Não se deve desprezar, também, o uso de "vetos cruzados" como instrumento de barganha no Legislativo. Um parlamentar, inicialmente favorável à proposta "A", pode votar contra esta proposta, se não conseguir fazer as mudanças que considera importantes na proposta "B". Quanto maior o rol de propostas em votação, maior pode ser o número de parlamentares ou partidos insatisfeitos com algumas dessas medidas, o que tende a dificultar a aprovação de todas elas.[13]

Uma vez estabelecida a necessidade de se dar prioridade a um conjunto menor e mais importante de medidas, resta estabelecer os critérios que orientem a construção de um *ranking* de importância das medidas.

Uma característica desejável das medidas é que elas sejam de aplicação imediata, não dependendo de regulamentação adicional, que gere pendências e acabe por retardar ou limitar os efeitos da reforma pretendida. A Constituição, por exemplo, possui diversos dispositivos que determinam que as matérias ali tratadas serão reguladas por lei complementar. Os problemas de agenda do Congresso, e a maioria qualificada exigida para aprovação de leis complementares[14], acabaram por impedir ou retardar a aprovação dessas leis complementares, tornando ineficazes, parciais ou não-aplicáveis os dispositivos constitucionais.

Esse foi o caso, por exemplo, da Lei de Responsabilidade Fiscal (Lei Complementar nº 101, de 2000), que determinou a criação, por meio de lei ordinária, de um Conselho de Gestão Fiscal, com importantes prerrogativas, e que não foi criado devido, por conta da não aprovação da necessária lei. No campo orçamentário está pendente a aprovação da lei complementar estipulada pelo art. 163, § 9º, da Constituição, havendo vácuos quanto a importantes parâmetros para elaboração do orçamento.

É importante, também, evitar medidas cujo cumprimento dependa de fiscalização ou que se baseiem em critérios contábeis sujeitos à distorção mediante o uso de "contabilidade criativa". As fiscalizações são sujeitas a falhas e nem sempre contam com recursos humanos e materiais suficientes para detectar todas as infrações cometidas. As regras contábeis e limites legais nunca são totalmente resistentes às manipulações.

Há diversos exemplos desses tipos de situação na Lei de Responsabilidade Fiscal (LRF). É conferida aos tribunais de contas estaduais e municipais a tarefa de fiscalizar o cumprimento das exigências fixadas naquela lei, sem que muitos desses tribunais tenham capacidade para cumprir tal tarefa. Além disso, diversas regras e limites impostos pela LRF estão sendo contornados pelos gestores públicos.[15]

É preciso, também, colocar os instrumentos legais nas mãos de instituições que tenham incentivos para utilizá-los na direção correta. Um caso em que essa condição parece ter sido cumprida foi o da renegociação das dívidas estaduais e municipais pela União. Nesse caso, foi dado ao Ministério da Fazenda o poder de bloquear, automaticamente, os recursos federais transferidos a estados e municípios que se tornassem inadimplentes no pagamento de suas dívidas com a União. Sendo o Ministro da Fazenda um dos atores políticos com maior interesse (e maior benefício político) na manutenção da estabilidade fiscal, o uso do instrumento se tornou uma ameaça crível para estados e municípios, que têm se mantidos adimplentes ao longo de mais de dez anos de vigência dos contratos. As raras exceções foram punidas de forma rápida, o que desencorajou os demais governos subnacionais a entrar em inadimplência.

Outro critério muito importante é sempre abrir a possibilidade de oferecer oportunidades de ganhos ou minimização de perdas às partes que resistam à implementação de reformas. Isso permite reduzir a insegurança dos diversos grupos em relação às perdas que sofrerão com a imposição das reformas. Um exemplo da aplicação deste princípio está na forma como o Poder Executivo negociou com o Congresso Nacional a aprovação de sucessivas elevações na carga tributária. Apoiar aumentos de impostos, em geral, é indigesto para congressistas, pois pode lhes custar votos nas próximas eleições. Mas se parte da receita adicional puder ser vinculada a um gasto com grande apelo eleitoral, parte ou totalidade do prejuízo dos parlamentares será compensada.

Uma forma simétrica de utilizar esse tipo de expediente, no caso da racionalização dos gastos, seria a de quebrar alianças destinadas a resistir a mudanças. Por exemplo, no caso dos Fundos Constitucionais de Desenvolvimento, políticos (de situação e de oposição) e empresários das regiões beneficiárias dos Fundos tendem a resistir à mudança no direcionamento dos recursos. Porém, se for proposto um redirecionamento em favor de investimentos públicos pelos governos locais, e com aumento da dotação destinada para tal nos primeiros anos de vigência da nova sistemática, os governadores e prefeitos tenderão a apoiar a medida, rachando a coalizão contrária à medida.

De forma similar, se ficar claramente identificado quem serão os municípios ganhadores em um processo de redistribuição de ICMS, FPM, *royalties* e compensações, e se for oferecido aos perdedores um processo lento de transição (em que não haja perda abrupta de receitas), as resistências também tenderão a se reduzir.

Por fim, é preciso organizar a sequência de reformas de modo a que as primeiras mudanças abram espaço (político e fiscal), facilitando ou induzindo a implementação das demais. Trata-se de encontrar o "fio da meada" a partir do qual o processo se torne mais fácil ao longo do tempo. Rajan e Zingales (2006), por exemplo, argumentam que em alguns países a abertura econômica (primeira reforma) induziu uma reforma no sistema judiciário (segunda reforma), para garantir o direito de propriedade das empresas estrangeiras que entraram no país. Ou seja, deve-se dar prioridade às reformas que potencializem as chances de aprovação das demais mudanças.

Tomemos como exemplo a possibilidade de se impor limitações constitucionais à atual expansão acelerada dos gastos dos poderes e órgãos federais que dispõem de autonomia orçamentária. Essa restrição reduzirá a capacidade dessas instituições de pagar elevados salários a seu funcionalismo. Isso terá como efeito colateral positivo a redução na demanda dos segmentos politicamente mais fortes dos servidores do Executivo, que utilizam os salários dos poderes autônomos como meta em campanhas de isonomia salarial. Também haverá redução dos gastos dos judiciários e legislativos de estados e municípios, que vinculam suas remunerações aos padrões de remuneração federais.

Em consequência, a medida inicial acaba induzindo controle e racionalização dos gastos de amplitude muito maior do que o seu impacto direto e imediato.

Em resumo, os critérios para aumentar as chances de sucesso de medidas de reforma seriam:

- Ter um programa de reformas claro, com prioridades bem definidas, já no primeiro dia de governo.
- Restringir as reformas propostas ao Congresso sempre ao menor número possível, de forma a concentrar o poder de fogo do Poder Executivo na defesa de sua aprovação.
- Evitar medidas que exijam regulamentação suplementar, fiscalização ou ação coercitiva com vistas a obrigar o cumprimento de conceitos contábeis passíveis de manipulação.
- Colocar os instrumentos nas mãos das instituições e agentes que tenham incentivos para utilizá-los de forma adequada.
- Abrir possibilidades de ganhos ou minimização de perdas para as partes potencialmente prejudicadas pelas reformas pretendidas.
- Priorizar reformas que tenham poder de facilitar ou induzir as demais reformas.

Conclusão

Este artigo procurou argumentar que o elevado gasto e a baixa eficiência no setor público brasileiro têm, entre as suas causas, a alta capacidade do Estado brasileiro de mobilizar recursos fiscais e a má alocação dos recursos entre programas e níveis de governo. Propôs, também, que uma importante causa do problema está em um sistema político que, para garantir a governabilidade, exige um alto custo fiscal.

Uma reforma capaz de, ao mesmo tempo, controlar o gasto e melhorar a sua eficiência deveria preocupar-se em acabar com os privilégios na alocação dos recursos, que geram setores com excesso de recursos disponíveis (o que os incentiva a gastar em projetos e programas de baixa relação benefício-custo), enquanto há outros segmentos sem verbas suficientes para prestar um serviço com condições mínimas de qualidade.

Não obstante as limitações do sistema político, argumentou-se que o Poder Executivo dispõe de instrumentos suficientes para formar maiorias e aprovar reformas necessárias, desde que se disponha a pagar o preço fiscal (de curto prazo) exigido para a formação dessa maioria e que resultaria em melhorias fiscais no longo prazo.

Marcos Mendes é Doutor em Economia. Consultor-Legislativo do Senado Federal.

I Congresso CONSAD de Gestão Pública

NOTAS

1 Artigo preparado para o I Congresso CONSAD de Gestão Pública – Brasília DF – maio de 2008.

2 Os primeiros colocados são, em ordem: Costa Rica, Uruguai, Chile e México.

3 O Brasil supera apenas: Argentina, Nicarágua, Honduras, Guatemala, Paraguai, Venezuela e Bolívia.

4 Segundo dados de uma organização sueca que analisa gastos militares (Stockholm International Peace Research Institute – http://www.sipri.org), o gasto militar da Colômbia somou 4,4% do PIB em 2003. No Brasil esse gasto foi de 1,78% do PIB e a média da América Latina é de 1,98%.

5 A esse respeito ver Dalsgaard (2000).

6 Para uma síntese dessa literatura, ver Alston *et al.* (2005).

7 A esse respeito ver Mendes (2006).

8 A esse respeito ver Mendes, Miranda e Blanco (2008).

9 Para uma avaliação formal desse argumento ver, por exemplo, Persson e Svensson (1989).

10 Ver, por exemplo, Wei (1997), Zettelmeyer (2006), North, Wallis e Weingast (2006) e Rajan e Zingales (2006).

11 Constituição Federal, art. 60.

12 C.F, art. 62.

13 Esta não é uma assertiva unânime entre os analistas de finanças públicas no Brasil. Rezende, Oliveira e Araújo (2007, p. 167), por exemplo, afirmam que "a ampliação da agenda pode facilitar, ao invés de dificultar, a aprovação de reformas polêmicas, ao angariar apoio no Congresso Nacional para a implementação de outras mudanças que afetam o equilíbrio federativo, facilitam o andamento da reforma tributária e contribuem para o ajuste estrutural das contas públicas". Os autores, contudo, não explicam quais seriam os mecanismos que fariam com que a ampliação da agenda facilitasse a aprovação das reformas.

14 C.F, art. 69.

15 Para evitar deixar compromissos de pagamento sem o respectivo saldo de recursos em caixa, prefeitos em fim de mandato simplesmente cancelam os empenhos de despesas relativas a serviços já prestados pelos fornecedores. Para se enquadrar nos limites de despesa de pessoal, manipulam o

conceito dessa despesa excluindo itens como mão de obra terceirizada ou servidores inativos. Para poder criar despesas de caráter continuado sem cortar outras despesas, os gestores públicos lançam mão de supostos excessos de arrecadação, ainda por ocorrer, em uma interpretação ampla do conceito de "margem de expansão" da despesa. Por inação, incapacidade, falta de um Conselho de Gestão Fiscal para regular os casos não previstos em lei ou falta de suporte legal, os tribunais de contas deixam diversos desses casos impunes, contribuindo para o descrédito da LRF. Para uma lista abrangente dos dispositivos da LRF frequentemente descumpridos ver Afonso e Barroso (2006), Afonso, Khair e Oliveira (2006).

REFERÊNCIAS BIBLIOGRÁFICAS

AFONSO, J. R. R., BARROSO, R. (2006). Novos passos na construção do arcabouço institucional fiscal no Brasil: a premência da reforma da Lei nº 4.320/64. *Revista de Controle e Administração*, vol. II, nº 2, p. 153-170, jul./dez.

AFONSO, J. R. R.; KHAIR, A. e OLIVEIRA, W. (2006). Lei de Responsabilidade Fiscal: os avanços e aperfeiçoamentos necessários. *In*: MENDES, M. (Org.). *Gasto público eficiente: 91 propostas para o desenvolvimento do Brasil*. 1ª ed. Rio de Janeiro: Topbooks/Instituto F. Braudel, Cap. 6, p. 155-173.

ALSTON, L. et al (2005). *Who decides on public expenditures? A political economy analysis of the budget process: the case of Brazil*. Inter-American Development Bank. Economic and Social Study Series.

DALSGAARD, T. (2000). *The tax system in Mexico: a need for strengthening the revenue-raising capacity*. OCDE – Economics Department Working Papers nº 233.

MENDES, M. (2006a) Despesa dos poderes autônomos: Legislativo, Judiciário e Ministério Público. *In*: MENDES, M. (Org.). *Gasto público eficiente: 91 propostas para o desenvolvimento do Brasil*. 1ª ed. Rio de Janeiro: Topbooks/ Instituto F. Braudel, Cap. 6, p. 155-173.

MENDES, M.; MIRANDA, R. B. e BLANCO, F. (2008). *Transferências intergovernamentais no Brasil: diagnóstico e propostas de reforma*. Consultoria Legislativa do Senado Federal. Texto para Discussão nº 40.
http://www.senado.gov.br/conleg/textos_discussao.htm (último acesso, 21/5/2008).

NORTH, D., WALLIS, J. J., WEINGAST, B. R. (2006). *A conceptual framework for interpreting recorded human history*. NBER Working paper series 12795. www.nber.org/papers/w12795.

RAJAN, R. G., ZINGALES, L. (2006). *The persistent of underdevelopment: institutions, human capital, or constituencies?* NBER Working paper series 12093. www.nber.org/papers/w12093.

REZENDE, F; OLIVEIRA, F. e ARAUJO, E. (2007). *O Dilema Fiscal: Reformar ou Remendar?* Rio de Janeiro: Editora Fundação Getúlio Vargas.

RIBEIRO, M. B. (2008). *Eficiência do gasto público na América Latina: uma análise comparativa a partir do modelo semiparamétrico com estimativa em dois estágios*. CEPAL: Seminário "Política Fiscal na América Latina". Brasília, maio 2008. http://www.eclac.cl/brasil/noticias/noticias/9/32839/ EficienciadoGastonaAL.pdf (último acesso: 21/5/2008).

TABELLINI, G. (2005). *Democracy comes second.* http://www.voxeu.org/index.php?q=node/163 (último acesso: 21 de maio de 2008).

WEI, S. (1997) Economic globalization: finance, trade, and policy reforms. *Canadian Journal of Economics*, novembro.

ZETTELMEYER, J. (2006) *Growth and reforms in Latin America: a survey of facts and arguments.* IMF working paper nº 06/210. www.imf.org/external/pubs/ft/wp/2006/wp06210.pdf.

Gestão Estratégica da Contratação

Steven Kelman

Os governos contratam produtos e serviços que são *inputs* para o que produzem (abrangendo desde materiais de escritório e computadores até aviões de combate e estudos de custo-benefício) e *outputs* tangíveis da sua atividade (englobando itens como a cobrança de dívidas, atividades de atendimento direto ao cliente, coleta de lixo e cursos de capacitação e treinamento). Ao todo, o governo federal dos Estados Unidos gasta cerca de US$ 200 bilhões por ano comprando produtos e serviços, equivalentes a 30% das suas despesas voluntárias.[1]

É tentador acreditar que quando o governo toma a decisão de que algo pelo qual está pagando passe a ser fornecido por organizações privadas, automaticamente suprimirá um item da sua pauta de problemas. Pode-se imaginar que o governo não precisará mais se preocupar em como fazer computadores se ele já compra da Dell ou da Compaq; não precisará mais se preocupar em como educar as crianças ou dar trabalho aos desempregados, se celebrou contrato com uma empresa privada para gerenciar uma escola ou curso de capacitação profissional.

Uma breve reflexão será suficiente para lembrar a qualquer um com expectativa tão otimista que, embora a decisão de contratar altere a natureza das preocupações do governo, não as elimina. Quando o governo contrata para obter computadores, escolas ou capacitação, não precisa saber como produzir esses produtos e serviços. Entretanto, deve ser capaz de fazer muito bem três coisas: desenvolver uma estratégia comercial (especificando os requisitos do que será comprado e definindo cláusulas contratuais e incentivos adequados), selecionar fornecedores competentes e administrar o contrato, tão logo seja assinado. São habilidades diferentes daquelas necessárias para a produção de computadores, construção de escolas ou capacitação profissional. Essas tarefas são o escopo tradicional do sistema de compras governamental.[2]

Há quase uma década, Donald Kettl já argumentava que para funcionar bem e atingir objetivos públicos, o governo deveria ser um "comprador esperto".[3] Eu iria ainda mais longe. Como muito do que os órgãos públicos fazem cada vez mais depende de terceiros, a contratação correta se tornou um ingrediente central do seu sucesso. Vários órgãos como o Departamento de Defesa, o Departamento de Energia e a NASA (Agência Nacional de Aeronáutica e Espaço) gastam grande parte de seu orçamento com produtos e serviços contratados: 46%, 94% e 78%, respectivamente. A maioria terceiriza o desenvolvimento de aplicativos de tecnologia da informação que são cruciais para gerenciar suas unidades, bem como outras atividades centrais como a pesquisa científica. Para esses órgãos, a capacidade de gerenciar a contratação deve ser considerada competência essencial da organização.

Por essa razão, acredito que os órgãos públicos precisam refletir melhor a respeito da gestão estratégica da contratação: a contratação deve ser usada agressivamente para promover os principais objetivos de uma organização. Meu ponto de vista é bem diferente da visão tradicional que considera a contratação uma função administrativa secundária que, como tal, deveria merecer pouca atenção da direção superior. No século XXI, a gestão estratégica da contratação, da mesma forma que outras competências essenciais, precisa se tornar preocupação central dos executivos públicos no nível mais elevado, sejam eles provenientes de nomeações políticas ou de carreira.[4] Nos contratos mais importantes, a estratégia comercial da contratação – o estágio do processo no qual a organização decide o que será comprado e as cláusulas e condições da transação comercial – deveria receber atenção pessoal do nível mais elevado de gestão do órgão.

Durante a última década, mudanças significativas ocorreram no sistema de compras do governo federal dos Estados Unidos para melhorar o seu desempenho por meio da estratégia de tornar a licitação menos regulamentada.[5] Essas mudanças proporcionaram uma base consistente para o desenvolvimento da gestão estratégica da contratação, concentrando-se em dois dos seus componentes: a estratégia comercial e a seleção de fornecedores. Mas um terceiro componente da gestão estratégica da contratação tem sido o "patinho feio" desse esforço: a administração dos contratos, depois da sua celebração. Este trabalho pretende apontar o que precisa ser feito na área de administração de contratos.[6]

Primeiramente, uma palavra sobre a situação da administração de contratos no mundo atual. Há uma coalizão de sindicatos do setor público contrários à terceirização de empregos que poderiam ser ocupados por seus filiados, da qual fazem parte também jornalistas e políticos, ávidos por denunciar o que descrevem como a trindade pecaminosa do desperdício, fraude e abuso. Esta coalizão divulga uma imagem da administração de contratos segundo a qual o governo "dorme no ponto", ninguém "toma conta da loja" e os contratados atropelam arrogantemente os interesses do público e das desafortunadas agências governamentais. Este é um mundo de extrapolação de custos e desempenho deficiente. As preocupações acadêmicas com um suposto "estado oco" (*hollow state*) no qual os governos terceirizam em lugar de produzir fizeram disparar um alarme paralelo que, às vezes, se apoia na citação de meros relatos jornalísticos dos problemas com as contratações.[7]

Estas imagens devem ser encaradas com alguma reserva. Certamente, para tomar somente as evidências acusatórias mais conhecidas, há "custos excessivos" em muitos projetos de tecnologia e de armamentos, mas ela não deve ser entendida como simples resultado de desídia ou fraude. Alguns desses valores resultam de mudanças nas especificações do projeto, de modo que, o que o governo adquire, incorpora atributos de desempenho que estavam ausentes do projeto original. Algum crescimento de custo pode também resultar de estimativas iniciais irrealistas, muitas vezes apresentadas para obter apoio político ao projeto. (Na realidade, este tipo de jogo é problemático por outras razões, mas é recomendável certo ceticismo em relação à suposição de que a estimativa original de custos seja aquilo que o projeto "deveria" ter custado e que qualquer número final acima daquela estimativa indicaria que o governo está pagando "demais".)

Além disso, muitos desses projetos envolvem tarefas inéditas e complexas que vão além do estado da arte e são exatamente os tipos de projetos que tendem a apresentar o mesmo crescimento de custos quando realizados no setor privado. Estudos comparando "megaprojetos" do Departamento de Defesa com os do setor privado constataram num universo de 47 projetos, tais como construção de refinarias, fábricas e usinas nucleares, um maior crescimento do custo médio na década de 60 do que os principais projetos de armamentos do Departamento de Defesa, embora as incertezas tecnológicas fossem certamente maiores no desenvolvimento dos sistemas de armamentos do que nos projetos de fora da área de defesa.[8] Estudos sobre projetos do setor privado envolvendo o desenvolvimento de sistemas de tecnologia da informação mostraram que a maioria ficou muito acima do orçamento e abaixo do desempenho esperado; muitos desses projetos foram completamente abandonados.[9]

Tampouco há evidências de que contratados astutos sejam capazes de explorar o governo quando ele "dorme no ponto". Embora o retorno sobre o patrimônio da indústria aeroespacial e de defesa tenha excedido o índice da Standard & Poor's durante o *boom* da defesa, na década de 80, essa tendência – algumas vezes dramaticamente inferior – ao índice. (Durante o período de 1994-98, as empresas aeroespaciais e de defesa apresentaram uma taxa média de retorno de 14% sobre o patrimônio, comparado, por exemplo, a 26% das empresas do setor químico e de manufatura diversificada e 17% das empresas do setor de autopeças.)[10] Tomemos o exemplo de uma empresa de tecnologia da informação de capital aberto que divulgue, separadamente, os resultados das suas divisões comercial e governamental, essa última voltada para o governo federal dos EUA: a *Computer Sciences Corporation* apresentou 7,8% de retorno sobre o faturamento, em 2000, na área comercial e 6,3% nas vendas ao governo. Esses números estão alinhados com o que é observado nas outras empresas de tecnologia da informação de grande porte que atendem a ambos os mercados.[11]

Ao contrário dos relatos sobre "dormir no ponto", o governo, de fato, mantém uma infraestrutura significativa para tratar da administração de contratos. Pelo lado financeiro, o Departamento de Defesa dispõe de uma organização inteira de auditores de contratos, a Agência de Auditoria dos Contratos da Defesa (*Defense Contract Audit Agency*), que também tem agências civis como seus clientes, trabalhando junto aos responsáveis pelos contratos no gerenciamento das questões financeiras do dia a dia.

A maneira pela qual o pessoal técnico ou de programas (em contraposição ao pessoal de licitações) se envolve com a administração de contratos varia de acordo com o órgão e o tipo de contrato. Para programas de grande porte, inclusive sistemas de armamentos e para os principais projetos governamentais envolvendo tecnologia da informação, o órgão normalmente dispõe de uma unidade de gestão com pessoal em dedicação integral, dirigido por um gerente que tem vários escalões sob seu comando, dentro da organização. Para a maioria dos contratos, no entanto (e também para ordens de serviço vinculadas a contratos de grande porte), um único técnico ou funcionário é responsável pela interface programática do governo com a contratada, o denominado COTR, ou representante técnico da autoridade responsável pela contratação (*Contracting Officer's Technical Representative*)[12]. O COTR tipicamente detém responsabilidades pela administração do contrato além de outras que são do seu cargo. No que diz respeito a essas outras responsabilidades, muitos, senão a maioria dos COTRs, são gestores públicos em nível sênior ou, no máximo, supervisores de primeira linha, mas não gerentes.

Não obstante, permanece o fato de que, com exceção da atenção considerável que é dada à auditoria de custos e ao cumprimento dos padrões contábeis, a administração dos contratos recebe atenção insuficiente na maioria dos setores do governo. "Em geral, os funcionários responsáveis pela contratação dedicam mais tempo à adjudicação dos contratos do que à administração daqueles já em andamento."[13]

Esse trabalho aborda duas questões. Primeiro, o que precisará ser feito para que a administração de contratos se torne uma competência essencial do governo, como parte da competência mais abrangente de gestão estratégica da contratação? Segundo, é possível criar um cargo atraente para o qual haja alguma possibilidade de recrutar pessoas talentosas?

Para responder a primeira questão é crucial o reconhecimento de que a gestão estratégica da contratação trata, principalmente, de gestão. A ampla maioria das habilidades exigidas de um bom gerente de contratos são as mesmas de qualquer bom gerente. Na realidade, as responsabilidades mais importantes de quem administra um contrato ou ordem de serviço não são apenas gerenciais: são análogas às de um executivo sênior, mas não às de um supervisor de primeira linha ou de um gerente de escalão intermediário. É função da gestão dos fornecedores supervisionar diretamente seus empregados no dia a dia. Por outro lado, um administrador de contrato do governo precisa ser bom em funções executivas tais como definição de estratégias e objetivos; ter habilidade para motivar com entusiasmo e espírito público os que estão trabalhando, inclusive terceirizados; gerenciar desempenho; gerenciar as interfaces horizontais entre a contratada e os usuários finais dos seus serviços e gerenciar as interfaces verticais com os níveis mais elevados da organização e com o ambiente externo. Os líderes da administração de contratos devem atuar como balizadores das agendas dos outros e não simplesmente como realizadores competentes de suas próprias agendas individuais.[14]

Steven Kelman

As atividades específicas com as quais os líderes da administração de contrato deveriam se envolver incluem o seguinte:

- Definir ou apoiar a definição da orientação estratégica sobre o que o governo pretende alcançar por meio da contratação. Isso implica colocar os administradores de contrato no nível sênior em contato tanto com a atividade principal do órgão que esteja sendo atendida pelo contrato quanto com o trabalho da contratação em si mesma, começando pela fase de desenvolvimento da estratégia comercial. Como declarou um bem-sucedido administrador de contratos: "gastei muito tempo no planejamento da visão estratégica; essa é a parte divertida da coisa".

- Gerenciar a interface entre o usuário final e o contratado para descobrir as suas necessidades e fazer com que elas sejam explicitadas nos documentos de contratação e ao longo da execução do contrato.[15]

- Assegurar que o pessoal do governo forneça ao contratado o auxílio de que necessita: por exemplo, realizar entrevistas com usuários finais de computadores sobre como utilizam seu tempo e seu atual programa ou resolver conflitos em torno da responsabilidade por determinado tipo de assistência técnica, se do governo ou do contratado.

- Participar de eventos das associações comerciais e de reuniões profissionais. Como os estudiosos do capital social das organizações observam, tais reuniões deveriam ser vistas basicamente como uma maneira informal de obter informações e fortalecer relacionamentos.[16] Conforme declarou um administrador de contratos: "o importante não é o que está na agenda do evento, mas o que acontece nos intervalos e no almoço". Outro administrador relatou que "as pessoas conversam nesses encontros sobre quem está com problemas financeiros ou quem ganhou contratos de vulto; se eu ficar sabendo que uma empresa está em perigo, posso solicitar o levantamento financeiro da sua situação antes de lhe adjudicar um contrato".

- Sinalizar que um assunto é importante, envolvendo-se com ele pessoalmente.

O problema fundamental com o atual sistema é o insuficiente reconhecimento de que a administração de contratos seja primordialmente uma função gerencial. De forma correspondente, muitos administradores de contratos recrutados entre funcionários técnicos ou de programas quando estão diante das tarefas de administração de contratos se sentem escolhidos para "carregar o piano".

Kettl observa em um de seus estudos de caso que muitas das responsabilidades da administração de contratos foram colocadas nas mãos de pessoas que se consideravam especialistas que estariam realizando um trabalho melhor lidando com seu tema substantivo de conhecimento. "Numa agência dominada por cientistas era a *expertise* técnica e não sutilezas administrativas que contava para uma rápida ascensão. Assim, técnicos e gerentes com formação científica tinham forte motivação para tentar escapar dessa obrigação – que um funcionário chamou de 'estigma administrativo' – tão rapidamente quanto possível. Um relatório [da Agência de Proteção Ambiental] constatou que, algumas vezes, 'a gestão de contratos era [tendia a ser] relegada a funcionários de baixo desempenho' porque não era considerada tarefa de prestígio".[17] Como observou um dos meus entrevistados: "fomos criados para fazer coisas, o que é realmente bem mais divertido do que gerenciar para que as coisas sejam feitas".[18]

Além disso, muitas das funções atualmente desempenhadas pelos COTRs não são de gestão e muito menos estratégicas. Os COTRs examinam as faturas das contratadas; o Guia das Melhores Práticas de Administração de Contratos do Departamento Federal de Políticas de Compras (*Office of Federal Procurement Policy*) recomenda que eles também inspecionem os cartões de ponto e as folhas de presença do fornecedor e que mantenham consigo as planilhas de despesas.[19] O curso de treinamento para os COTRs desenvolvido pelo Instituto Federal de Compras (*Federal Acquisition Institute*), oferecido através da Internet, determina a realização de atividades extensivas de cunho burocrático, tais como redigir atas das reuniões com os fornecedores e realizar pessoalmente as inspeções ou testes. A grande maioria dos COTRs que não é de gestores, mas supervisores de primeira linha acostumados a dirigir um número modesto de empregados em vez de desempenhar atividades executivas de gerência. Por esse motivo, eles se inclinam a assumir tarefas que deveriam ser desempenhadas pelos supervisores dos próprios fornecedores – isto é, a supervisão direta dos seus empregados na forma de extensiva "instrução técnica". Esse tipo de microgestão lhes permite sentir que estão fazendo uma contribuição sólida e visível para o sucesso do contrato.

Steven Kelman

Há três coisas que o governo precisa fazer, se a liderança em administração de contratos está destinada a se tornar uma competência organizacional essencial: definir adequadamente as atribuições e proporcionar treinamento para o cargo, separar tarefas de nível mais baixo das tarefas de tipo executivo e investir na medição do desempenho como um campo de estudo. Primeiro e mais importante, os cargos de administração de contratos em nível sênior, incluindo o de COTR, deveriam ser posicionados como cargos que trazem desafios empolgantes e estímulos semelhantes àqueles concedidos a executivos desse nível. A gerência requer habilidades muito diferentes daquelas exigidas para o sucesso individual de um técnico. Mas proporciona uma forma palpável de empolgar e envolver o gerente. Esses cargos não deveriam ser destinados aos pouco ambiciosos e evidentemente não podem sê-lo, se a gestão estratégica da contratação for encarada como competência essencial do governo. Eles deveriam ser oferecidos àqueles que efetivamente "põem a mão na massa", aos supervisores de primeira linha (ou a profissionais recrutados de fora diretamente para ocuparem esses cargos), como oportunidade de vivenciar responsabilidades que são normalmente atribuídas a pessoas com mais tempo de serviço e, para aqueles recrutados externamente, como perspectiva de rápida ascensão na carreira.[20] Além disso, o treinamento para líderes em administração de contratos deveria ser voltado para as habilidades de gestão.

Em segundo lugar, para que a administração de contratos se concentre na gestão, as tarefas repetitivas e de nível mais baixo deveriam ser separadas daquelas mais complexas e estimulantes: as de tipo executivo.[21] (Em certa medida, tal divisão de trabalho já existe em empresas que adotam estruturas de gestão por programas.) Não foi nenhuma surpresa o fato de que entre os entrevistados no nível intermediário e sênior da administração de contratos, nenhum mostrou qualquer entusiasmo pelas rotinas burocráticas de monitoramento de contratos. "Eu não gosto dessa história de monitoramento, de toda essa papelada e da sobrecarga administrativa que acarreta." As agências governamentais deveriam eliminar exigências internas de tramitação de papéis, assim como muitas delas têm feito em relação aos relatórios de fornecedores, para identificar o que realmente possa ser enxugado ou eliminado, reconhecendo que essa papelada reduz a atratividade dos cargos. Para contratos com métricas de desempenho tangíveis, qualquer avanço preliminar que seja realizado deveria desde já impulsionar a redução das exigências de relatórios dos fornecedores.

As organizações deveriam considerar a designação de pessoal mais jovem para realizar as tarefas de redação de atas e demais documentos relativos às reuniões, o que também seria uma oportunidade de aprendizado sobre gestão e de participação nessas reuniões. A documentação que não precisar chegar aos níveis mais altos da organização deveria ser ditada para gravação em fitas com sua eventual transcrição se e quando necessário.

Há um dilema em lidar com o papel do COTR na aprovação das faturas de horas trabalhadas do fornecedor nos contratos com reembolso de custos (essencialmente, trata-se de verificar, nestes casos, se o pessoal da empresa contratada trabalhou as horas declaradas).[22] Por um lado, o pessoal de programas ou de áreas técnicas para as quais é prestado o serviço está em uma posição muito melhor para saber se os empregados do fornecedor estão trabalhando do que os responsáveis pelos contratos ou auditores atuando *a posteriori*, principalmente se o trabalho está sendo feito *on-site*, no próprio órgão. Por outro lado, essa é uma tarefa repetitiva e desestimulante e se, como frequentemente é o caso, o fornecedor está trabalhando *off-site*, fora das instalações do contratante, o COTR não pode verificar diretamente se os seus empregados estão trabalhando. Essa dificuldade poderia ser mitigada se a gestão de contratos fosse mais rigorosa em relação às avaliações de desempenho passadas, comparando custos estimados com custos finais para oferecer aos fornecedores um desincentivo contra custos inflados.[23] Além disso, é necessário ter pessoal de apoio tanto no programa quanto nas unidades de contratação, checar os cartões de ponto quando da sua emissão e permitir aos COTRs se envolverem diretamente na verificação das faturas, qualquer que seja a forma por eles escolhida. Esse último item não deveria ser uma exigência, mas demandas por um maior envolvimento surgem tipicamente quando os COTRs percebem que os resultados estão abaixo das expectativas. Isso leva a que o papel do COTR comece a se aproximar cada vez mais da aferição de desempenho.

Em terceiro lugar, uma parte crucial do trabalho de um líder da administração de contratos será a responsabilidade pelo gerenciamento e aferição do desempenho do fornecedor. Isso deveria ser uma responsabilidade-chave em todas as organizações, mas é frequentemente difícil no contexto do setor público (seja para o trabalho realizado internamente ou contratado) porque as métricas de desempenho financeiro, comuns no setor privado, não são suficientes e algumas vezes nem sequer aplicáveis. Embora as empresas tenham começado a lidar com os desafios de desenvolver múltiplas medidas de desempenho, tais como as frequentemente difíceis métricas quantitativas com seus potenciais efeitos perversos, avançar na arte e na ciência da mensuração do desempenho não-financeiro é uma questão importante para o governo.[24] O Departamento de Defesa, representando o governo como um todo, deveria tomar a iniciativa de desenvolver a disciplina da mensuração do desempenho não-financeiro, da mesma forma como, nos anos 60, criou a disciplina da gestão de projetos para apoiar suas necessidades de desenvolvimento de sistemas de armamentos de grande porte.[25]

Não considero *panglossiano* sugerir que os cargos de liderança na administração de contratos, corretamente posicionados, possam ser atraentes para pessoas talentosas. Em muitas áreas técnicas, como a de engenharia, que valorizam "pôr a mão na massa", as pessoas quase sempre têm uma expectativa de abandonar o trabalho técnico pelo de gerência.[26] Uma pesquisa entre engenheiros pós-graduados do MIT formados há dez ou vinte anos e exercendo a carreira mostrou que os que ocupavam cargos de gerência geral ou na área de engenharia estavam muito mais propensos a se considerarem bem-sucedidos na carreira do que aqueles que ainda eram engenheiros de *staff*.[27] Os cargos de liderança em administração de contratos, posicionados de maneira adequada, têm potencial para ser particularmente atraentes a jovens que buscam oportunidades rápidas de aprender coisas novas, crescer pessoal e profissionalmente e exercer um cargo com significativa responsabilidade. Um estudo entre pessoas recentemente promovidas a cargos de gerência em empregos nos quais tinham apresentado excelente desempenho como "realizadores", constatou que "o primeiro ano na função de gerência foi um período de grande crescimento pessoal"; eles "amadureceram à medida em que se confrontaram com 'verdades' sobre si próprios que até então desconheciam".[28] Com certeza, o governo pode oferecer responsabilidades mais substanciais ao pessoal jovem do que as que ele encontraria em grandes empresas privadas.

A última questão que eu quero abordar aqui é o papel que a *expertise* nas áreas envolvidas num contrato desempenha no sucesso da gestão estratégica da contratação. Competências substantivas por parte do governo são exigidas para: definir os requisitos daquilo que o governo quer que o fornecedor execute; avaliar as "propostas técnicas" (definir como o licitante vai realizar o trabalho), incluindo os riscos relativos acarretados por abordagens diferentes; avaliar estimativas de custos do fornecedor nos contratos baseados em custos incorridos (*cost-based*) ou na autorização de ordens de serviço a preços previamente estipulados (*fixed-price*) sem concorrência, no âmbito de contratos mais abrangentes, onde o governo precisa decidir sobre a estimativa da contratada de quantas horas um serviço demandará e qual *mix* de categorias de trabalhadores será necessário; fornecer orientação técnica durante a execução em contratos que não sejam baseados em desempenho (*non-performance-based contracts*); e assegurar a compatibilidade com restrições técnicas, mesmo no caso do contrato baseado em desempenho (por exemplo, restrições quanto ao descarte de lixo contagioso em um hospital que contrate serviços de limpeza). Está incluído na *"expertise* substantiva" aquilo que é geralmente chamado no governo de conhecimento "funcional", como tecnologia da informação ou competências técnicas, e também a *"expertise* no objeto do contrato", ou seja, o conhecimento da atividade governamental que é atendida pelo contrato. Assim, por exemplo, se a Receita Federal está contratando serviços de tecnologia da informação para modernizar a cobrança de impostos, as competências técnicas incluiriam o conhecimento sobre as tecnologias da informação adequadas que estejam disponíveis, ao passo que a *expertise* no objeto do contrato contemplaria conhecimentos sobre como as auditorias são conduzidas pela Receita Federal.

Pensa-se com frequência que para ter esse tipo de *expertise* à sua disposição o governo deve manter pelo menos alguma atividade interna sob sua responsabilidade direta nas áreas em que esteja contratando. Segundo esse argumento, se o governo não contar com gestores que tenham escrito códigos de *software*, não será bem-sucedido em gerenciar eventuais contratados para essa mesma atividade. Assim, por exemplo, Milward argumenta que nessas situações, "produzir alguns serviços é a única maneira de aprender sobre os custos de produção".[29] Uma grande preocupação com relação à tendência crescente em direção à terceirização é que se o governo perder seus "executantes" inevitavelmente perderá também sua capacidade em gestão de contratos.

Eu discordo. Em minha opinião, o governo pode ser bom em gestão estratégica da contratação mesmo sem dispor de uma base sólida de gestores com competências técnicas nas áreas que estiverem sendo contratadas. A menos que haja razões *per se* para o governo manter capacidades próprias de execução direta de atividades terceirizadas (ou que essa decisão seja uma necessidade premente), na maioria das vezes não faz sentido manter essas atividades simplesmente para reter as competências para "realizar" capacidades necessárias à gestão das contratadas.

Steven Kelman

Antes de explorar mais esse assunto, três observações devem ser feitas:

Primeira, o governo em geral tem e continuará tendo ao seu alcance a *expertise* no objeto do contrato, mesmo quando houver dúvidas sobre a disponibilidade da *expertise* funcional (por exemplo, quando os funcionários do governo ainda se ocupam de processos que estejam sendo submetidos a reengenharia por prestadores de serviços contratados ou quando são clientes de novos armamentos e podem explicitar os resultados que desejam obter). O governo perde *expertise* no objeto do contrato apenas quando uma função é totalmente terceirizada e não há clientes do governo para o serviço (por exemplo, quando a coleta de lixo é terceirizada).

Segunda, os esforços em curso de reforma das compras públicas reduziram as necessidades de *expertise* funcional dos governos. Quanto mais o governo avaliar os seus fornecedores com base em seu desempenho passado, menor será o papel da abordagem técnica do licitante na seleção do fornecedor para um novo serviço que esteja sendo licitado. Em um contrato baseado em desempenho, onde o governo contrata por resultados de desempenho e deixa à contratada decidir sobre como o trabalho será realizado, as exigências de competências funcionais pelo lado do governo se reduzem drasticamente, particularmente depois do contrato ser adjudicado.

Terceira, não se deve superestimar a quantidade de situações em que o governo precisará recorrer à sua própria *expertise* funcional. É mais fácil reconhecer do que conceber uma boa ideia.[30] Quase sempre, não são necessárias competências técnicas para avaliar a qualidade de partes significativas de uma proposta técnica apresentada por um licitante. De forma semelhante, é mais fácil julgar se uma métrica de desempenho foi cumprida do que saber como foi feita. Esses três fatores reduzem de maneira substancial a necessidade de *expertise* técnica na administração de um contrato baseado em desempenho.

Entretanto, ainda há situações importantes em que o governo necessita das competências funcionais. Como tornar essas competências disponíveis para a gestão estratégica de contratos sem uma oferta contínua de gestores que sejam promovidos aos cargos de gestão de contratos? Isso pode ser feito de várias maneiras. Talvez o mais importante seja o governo começar a recrutar pessoas para posições de nível intermediário na gestão de contratos, com experiência de alguns anos no setor privado, em vez de partir do pressuposto de que essas posições devam ser preenchidas por pessoas de dentro do governo. Ainda restará uma porção de cargos para iniciantes na área de tecnologia da informação, mesmo que não sejam no governo. O governo ainda funciona, em grande medida, com base em um modelo no qual há apenas dois pontos de ingresso na carreira governamental: o nível de entrada, para profissionais sem experiência prévia, e o nível político sênior. Esta visão está cada vez mais em desacordo com a expectativa dos jovens de ter oportunidades para trabalhar em diversas empresas.[31]

O governo poderá obter o auxílio técnico de que necessita com os cargos de gestão de contratos em nível intermediário, por meio do recrutamento de quadros com três a cinco anos de experiência no nível de ingresso no setor industrial; muitos, senão a maioria, permanecerão apenas alguns anos. Tais cargos poderão ter grande apelo junto aos jovens que gostem de trocar de emprego e talvez queiram trabalhar alguns anos no serviço público, tenham filhos pequenos, prefiram viajar menos e desfrutar de um ambiente de trabalho compatível com as obrigações familiares ou, ainda, sejam atraídos pela perspectiva de ocupação de posições com responsabilidades significativas.

O governo pode também recrutar prestadores de serviço além daqueles que estejam realizando o trabalho já contratado, para fornecer a *expertise* funcional que seja necessária. É fácil ironizar sobre isso. Em um de seus estudos de caso, Kettl faz referências desabonadoras à prática da agência governamental de "usar" os prestadores de serviço para ajudar a desenvolver requisitos, avaliar propostas e monitorar desempenho, relatando que "era como se (a agência) tivesse decidido comprar um carro, mas fosse incapaz de definir como ele deveria ser, o que deveria fazer ou quanto deveria custar".[32]

Tal ironia não torna a solução menos sensata. Mesmo que o governo empregasse seus próprios técnicos especialistas – por exemplo, programadores de *software* – há tantas especializações e áreas de *expertise* específicas no âmbito de uma determinada função da administração que é provável que faltasse alguma competência técnica específica aos funcionários da casa. A *expertise* como programador de COBOL dificilmente qualifica uma pessoa como especialista em logística ou aplicativos de *e-procurement*. Assim, a *expertise* interna não é impedimento para se lançar mão da *expertise* externa. De fato, em áreas como tecnologia da informação é extremamente comum entre clientes do setor privado usar terceirizados independentes como fontes de informação (a exemplo do Gartner Group) para ajudá-los a desenvolver requisitos de contratação e avaliar fornecedores. O governo faz isso há muitos anos em diversas áreas, como o desenvolvimento de sistemas de armamento, mesmo quando dispunha de muito mais gestores com competências técnicas no seu quadro de pessoal.[33]

Embora cautelosamente, o governo pode fazer um uso criterioso da licitação para atender algumas das necessidades de *expertise* técnica que sejam necessárias para o desenvolvimento dos requisitos aplicáveis às contratações. No contexto da reforma das compras públicas, passou a ser normal o contato preliminar extensivo com potenciais licitantes para coleta de sugestões sobre as cláusulas contratuais da licitação. Alguns propõem que o governo se limite a solicitar uma "declaração de objetivos", sugerindo aos licitantes que desenvolvam métricas de desempenho e metas.[34] Muitas vezes o fornecedor que vier a fazer, ou, talvez, já esteja fazendo o trabalho, estará na realidade em melhor posição do que uma terceira parte contratada para auxiliar a agência governamental a modelar os requisitos de contratação, porque está mais interessado no sucesso da contratação e conhece mais intimamente a agência. Se o fornecedor já foi escolhido para o trabalho, poderá haver potencial conflito de interesses, mas essa formatação influenciada pelo fornecedor pode ocorrer sem tais riscos recorrendo-se à competição limitada em que dois licitantes se confrontem para disputar o contrato definitivo.

Uma palavra final: ao destacar o fato de que o governo tem que ser um comprador esperto para o bom funcionamento da relação contratual, Kettl faz um apelo a que o governo "invista na compra esperta".[35] A reinvenção do governo durante os anos 90 chamou atenção para a linha de frente do processo da compra pública: a definição dos requisitos, estruturação do formato geral da transação e seleção dos fornecedores. Entretanto, prestou-se muito menos atenção ao que acontece depois que o contrato é celebrado. Os desafios enfrentados pelos reinventores das compras públicas dos anos 90 foram, em primeiro lugar, de desenho institucional envolvendo a adequação do papel das normas e da discricionaridade. Em contraste, os desafios da reinvenção da administração dos contratos são predominantemente desafios que dizem respeito à gestão de recursos humanos: pessoas e cargos. Considerando a preocupação crescente com a crise de capital humano do governo, o início de um novo milênio representa uma oportunidade para abordar esse importante problema ainda não solucionado.

> *Publicação original:* KELMAN, Steven. *Strategic contracting management.* In: DONAHUE, John D. e NYE JR., Joseph S. (eds) *Market-Based Governance – Supply Side, Demand Side, Upside, and Downside.* Cambridge, Mass.: Visions of Governance in the 21st Century; Washington, DC: Brookings Institution, 2002, p. 88-102.

Tradutora: Alita R. S. Kraiser
Revisor Técnico: Ciro Christo Fernandes

Steven Kelman é professor de Gestão Pública na Kennedy School of Government da Universidade de Harvard. Foi diretor do Office of Federal Procurement Policy do U.S. Office of Management and Budget, no período de 1993 a 1997, quando liderou as iniciativas do Reinventing Government na área de compras governamentais nos EUA. É autor de diversos livros e artigos sobre a gestão das compras e contratações na administração pública.

STEVEN KELMAN

NOTAS

1 Federal Procurement Data Center. *Federal Procurement Report, 2001*. General Services Administration, 2001. As informações sobre o orçamento não-vinculado (conforme a proposta do Presidente) para o exercício fiscal de 2002 foram fornecidas pelo Office of Management and Budget (Escritório de Orçamento e Gestão).

2 No Departamento de Defesa, o termo *procurement* é usado mais estritamente para designar a seleção de fornecedores, sendo o termo *acquisition* aplicado mais amplamente a todos os estágios do processo de compra.

3 Donald F. Kettl. *Sharing Power: Public Governance and Private Markets*. Brookings, 1993, Capítulo 8.

4 Eu uso o neologismo "gestão estratégica da contratação" para identificar as três funções que compõem a contratação (estratégia comercial, seleção dos fornecedores e gestão do contrato), referidas anteriormente. Uso a expressão "administração do contrato" (quase sempre identificada como gestão do contrato) para me referir especificamente à gestão do contrato, depois de assinado.

5 Para uma discussão deste tema, veja meu estudo concomitante: *Remaking Federal Procurement*, Working Paper 3. Cambridge: Harvard University, John F. Kennedy School of Government – Visions of Governance in the Twenty-First Century Project, 2001.

6 Para elaborar este trabalho, eu e dois assistentes de pesquisa realizamos uma série de entrevistas presenciais com funcionários públicos dos escalões intermediário e superior (sênior) responsáveis por contratações, bem como funcionários de programas nas áreas de tecnologia da informação e espacial. As entrevistas foram realizadas no *US Customs Service* (Alfândega), *Internal Revenue Service* (Receita), *NASA Goddard Space Center* (Centro Espacial), *Hanscomb Air Force Base* (Base Aérea), *Defense Supply Center* (Central de Suprimentos), na Filadélfia, e nos *Offices of the Secretary of Defense and the Air Force* (Gabinetes da Defesa e da Força Aérea). Gostaria de agradecer a ajuda de Greg Dorchak e Michael Jung na condução das entrevistas.

7 Donald F. Kettl. *Government by Proxy: (Mis)Managing Federal Programs*, Washington: CQ Press, 1988; H. Brinton Milward, Keith G. Provan e Barbara E. Else. What Does the "Hollow State" Look Like? In Barry Bozeman (ed). *Public Management: The State of the Art*. San Francisco: Jossey-Bass, 1993, pp. 309-22; H. Brinton Milward. Capacity, Control and Performance in Interorganizational Settings. *Journal of Public Administration Research and Theory*, vol. 6 (janeiro de 1996), pp. 193-95.

8 Edward W. Merrow, Stephen W. Chapel e Christopher Worthing. *A Review of Cost Estimation in New Technologies*. Santa Monica, Calif.: RAND Corporation, 1979, p. 73; Edward W. Merrow. *Understanding the Outcomes of Megaprojects*. Santa Monica, Calif.: RAND Corporation, 1988, pp. 32-33. Para serem incluídos no estudo, os projetos deviam demandar um mínimo de quatro anos com custos a partir de US$ 11 bilhões.

9 Bill Kern. Relief from Out-of-Control Projects. *Contract Management*, vol. 41 (setembro de 2001), pp. 32-35.

10 Defense Science Board. *Preserving a Healthy and Competitive U. S. Defense Industry to Ensure Our Future National Security: Final Briefing*, M-U 40607 – 150. U.S. Department of Defense, 2000, p. 63.

11 Cálculos do autor, baseados em: Computer Sciences Corporation. *Result*. El Segundo, Calif., 2000, p. 63.

12 Este funcionário recebe uma denominação diferente – Representante da Autoridade Responsável (*COR – Contracting Officer's Representative*) ou "gerente de tarefas" – em vários órgãos e situações de contratação.

13 Office of Federal Procurement Policy. *A Guide to Best Practices for Contract Administration*. Office of Management and Budget, 1994, Capítulo 5.

14 Sobre esta última distinção, ver Richard N. Haass. *The Power to Persuade: How to be Effective in Government, the Public Sector, or Any Unruly Organization*. Boston: Houghton Mifflin, 1994, Capítulos 3 e 5; Linda A. Hill. *Becoming a Manager*. Harvard Business School Press, 1992, p. 6.

15 Citando uma entrevista: "você tem que conseguir fazer as duas partes sentarem e discutirem (...). É necessário forçar as pessoas a continuar levantando problemas, se comunicando, para focalizar e trazê-las de volta ao objetivo comum. Quando as coisas dão errado, o governo aponta o dedo para o fornecedor por ter fracassado desperdiçando dinheiro e ele replica: 'vocês não definiram claramente os requisitos; vocês não nos deram uma orientação bem focada'. Você não quer que se chegue a isso (...). Você tem de relembrar constantemente as pessoas do governo de que precisamos ter os requisitos, precisamos deles bem definidos. O mesmo acontece com os fornecedores: 'se vocês virem que não estamos fornecendo o que vocês precisam, têm de nos dizer. Não podem sair por aí pagando nossas contas e seguindo em frente satisfeitos'".

16 Veja, por exemplo: Don Cohen e Laurence Prusak. *In Good Company*. Harvard Business Press, 2001, pp. 71-72.

17 Donald F. Kettl. *Sharing Power: Public Governance and Private Markets*, pp. 123-24.

18 As atividades dos gerentes dos programas governamentais de sistemas de armamentos ou dos projetos das principais agências que criaram uma unidade de gestão de programa são as que mais se aproximam dos tipos de funções executivas descritas anteriormente, embora certas características especiais do ambiente de gestão do programa de sistema de armamentos do Departamento de Defesa tornem difícil para o gerente se envolver suficientemente nessas funções executivas. Geralmente, os gerentes de programa são executivos militares que prestam serviços na função durante períodos relativamente curtos (dois ou três anos), o que dificulta a definição e implementação de uma estratégia. Os programas de armamentos sofrem tanta concorrência uns com outros para obter recursos orçamentários que os seus gerentes muitas vezes apresentam planos exageradamente otimistas no início de um projeto para posteriormente subestimar os problemas ao invés de confrontá-los, principalmente devido a sua curta permanência na função. A gigantesca hierarquia dos serviços militares e o Gabinete do Departamento de Defesa produzem uma situação em que tempo desnecessário é gasto com *briefings* aos superiores e preparação para inspeções. Até recentemente, a cultura das unidades de programas não prestava muita atenção ao controle de custos, mas, é claro que há problemas que são inerentes ao trabalho com os novos sistemas de armamentos no que tange a custos, cronograma e metas de desempenho. Veja: J. Ronald Fox. *The Defense Management Challenge: Weapons Acquisition*. Harvard Business School Press, 1988.

19 Office of Federal Procurement Policy. *A Guide to Best Practices for Contract Administration*, Capítulo 3.

20 Alguns funcionários civis poderão objetar que não deveriam ser "obrigados" a assumir responsabilidades executivas em níveis modestos de senioridade no cargo. Outros – principalmente aqueles do tipo que o governo agora deve tentar recrutar – receberão favoravelmente a oportunidade de novos desafios num estágio precoce da carreira.

21 Essa sugestão também foi feita, de uma forma um tanto diferente, por Suzanne Kirchhoff, da empresa Science Applications International Corporation (SAIC), em trabalho que está realizando para a Marinha dos EUA.

22 Somente o funcionário responsável pela contratação pode efetivamente autorizar o pagamento de uma fatura.

23 Mudanças nas ordens de serviço precisariam ser consideradas também.

24 Robert S. Kaplan e David P. Norton. *The Balanced Scorecard: Translating Strategy into Action*. Harvard Business School Press, 1996; Visions of Governance in the Twenty-First Century Project, Executive Session on Performance Management in the Public Sector. *Get Results from Performance*

Management. Harvard University, John F. Kennedy School of Government, 2001.

25 Jack R. Meredith e Samuel J. Mantel Jr. *Project Management: A Managerial Approach.* Wiley & Sons, 2000, Capítulo 1.

26 Robert Zussman. *Mechanics of the Middle Class: Work and Politics among American Engineers.* University of California Press, 1985, p. 151.

27 Lotte Bailyn. *Living with Technology: Issues at Mid-Career.* MIT Press, 1980, p. 95. Um caminho alternativo que produz significativa satisfação na carreira é o da pesquisa científica em que o engenheiro é um "realizador" e também um profissional independente.

28 Hill. *Becoming a Manager*, p. 7.

29 H. Brinton Milward e Keith G. Provan. Governing the Hollow State. *Journal of Public Administration Research and Theory*, vol. 10 (abril de 2000) pp. 359-80.

30 Devo essa formulação a Chip Mather, embora tenhamos desenvolvido independentemente a idéia básica.

31 Paul C. Light. *The New Public Service.* Brookings, 1999, pp. 137-39.

32 Kettl. *Sharing Power: Public Governance and Private Markets*, pp. 77-86.

33 Veja, por exemplo, a discussão de Kettl sobre a contratação pública dos serviços telefônicos durante a década de 80 (*ibid.*, pp. 76-77).

34 Chip Mather e Ann Costello. "An Innovative Approach to Performance-Based Acquisition", Working Paper. Washington: Acquisition Solutions, 2001.

35 Donald Kettl. *Sharing Power: Public Governance and Private Markets*, p. 211.

Reformas de Gestão Pública: o que a América Latina tem a aprender com a OCDE?[1]

*Nick Manning, Geoffrey Shepherd,
Jürgen Blum e Humberto Laudares*

1. Introdução

Nos últimos vinte anos, tanto os países da OCDE quanto os países da América Latina se preocupam e buscam técnicas mais modernas de gestão pública que possam propiciar o desenvolvimento de mais e melhores serviços públicos, apesar das restrições fiscais existentes. Consideradas as diferenças entre os dois grupos de países, a experiência da OCDE é frequentemente usada como modelo para a América Latina. As reformas da OCDE e a retórica que as circundam impactam substancialmente o discurso e as decisões sobre reformas nos países latino-americanos. Muitos especialistas e políticos acreditaram que uma gestão "moderna" poderia catapultar países em direção aos padrões de serviço público encontrados na OCDE. Entretanto, a OCDE entrou em um período de reavaliação de suas próprias experiências – quantos dos países da OCDE convergiram para um novo modelo? O que mudou? A que custo? As mudanças são permanentes ou cíclicas?

Este é, portanto, um momento oportuno para olhar a experiência dos países da OCDE e ver o que ela significa para a América Latina. Há uma vasta literatura, acadêmica e prática, disponível sobre a experiência da OCDE, enquanto a literatura para a América Latina é mais esparsa e menos completa. Baseando-se em tais literaturas, este artigo irá olhar a experiência de reforma nas últimas duas décadas nos países da OCDE, inicialmente, e da América Latina em seguida. Assim, cada grupo de países será considerado de uma forma estruturada, paralela e sistêmica. Primeiro, as pré-condições das reformas serão expostas. Segundo, os objetivos das reformas serão explicitados. Terceiro, as reformas realmente implementadas serão caracterizadas e, finalmente, serão feitos alguns julgamentos a respeito das consequências, intencionais ou não, dessas reformas.

As reformas serão analisadas de acordo com cinco dimensões técnicas: gestão de gasto público e transparência financeira, gestão de recursos humanos, estrutura do setor público, formas alternativas de prestação de serviços, reformas do lado da demanda. Por último, o artigo irá analisar algumas lições e implicações sobre o que os países da América Latina deveriam, ou não, aproveitar da experiência dos países da OCDE.

O artigo dá uma atenção especial à experiência brasileira na América Latina. Embora o Brasil seja visto como um dos países mais avançados na América Latina no que se refere à administração pública, ele ainda possui muitos desafios quando comparado aos países da OCDE.

Este artigo advoga uma abordagem prudente em buscar lições das reformas de gestão pública promovidas pelos países da OCDE para os países latino-americanos. Argumentamos que embora seja possível identificar diversas trajetórias comuns entre os países da OCDE, haver indubitáveis benefícios em se compartilhar conhecimento acerca das reformas implementadas, estratégias de reforma precisam ser elaboradas de acordo com as especificidades de cada país.

A gestão pública é abordada como centro do setor público. Por gestão pública entendemos ser a máquina que implementa políticas públicas (órgãos governamentais, servidores públicos, sistemas de gestão financeira, e as regras processuais que os normatizam), em vez de uma máquina que elabora políticas públicas (corpos legislativos, gabinetes, dirigentes etc.). No mundo real, a elaboração e a execução de políticas públicas retroalimentam-se e são difíceis de ser separadas. Tal distinção é ainda mais complicada de ser feita para a América Latina, onde governos combinam reformas administrativas mais pontuais com reformas de políticas públicas específicas, porque reformar todo o aparato burocrático tem-se mostrado muito difícil. Essa estratégia não é tão evidente nos países da OCDE.

Estudos de reformas da gestão pública sempre apresentam o problema de evidência, mesmo nos países da OCDE, onde há estudos mais avançados. A Gestão é difícil de ser medida portanto os resultados das reformas são difíceis de serem quantificados. No pior dos casos, temos que nos basear nos argumentos dos idealizadores das reformas sobre os resultados pretendidos por elas. Inevitavelmente, este artigo reflete a fraqueza do próprio campo. Muitas vezes, torna-se inevitável fazer generalizações baseadas em informação limitada – e qualitativa – sobre experiências de reformas ocorridas nas últimas décadas.

2. Reformando a Gestão Pública nos Países da OCDE

2.1. Contexto

O contexto para a onda de reformas de gestão pública nas últimas duas décadas é marcado por uma história de crescimento do setor público sem precedentes, por vários níveis de maleabilidade de arranjos institucionais nos países da OCDE e por tradicionais fontes de legitimidade que moldaram a administração pública no passado.

Nos últimos 100 anos assistimos a um aumento colossal das funções do setor público e da complexidade das expectativas colocadas sobre os servidores públicos. A gestão pública tem sido objeto de constantes mudanças, mas as transformações ocorridas nos países da OCDE, nas últimas três décadas, foram uma clara resposta a novas expectativas de cidadãos e políticos, no que diz respeito ao escopo das atividades de governo e à forma em que o governo opera.

O governo nos países da OCDE é maior hoje do que em qualquer outro momento da história (vide Gráfico 1). O crescimento do setor público forçou a administração pública a se adaptar. As crescentes demandas do setor público apresentam inevitáveis desafios organizacionais à medida que as responsabilidades dos servidores excedem suas capacidades, a estrutura das organizações públicas se torna exageradamente complexa e de difícil coordenação, e o crescimento em regulação interna ou externa é tido como fator de aumento na aversão ao risco. Naturalmente, o desenvolvimento de tecnologias de informação e comunicações resolve parte do desafio, promovendo instrumentos que, por meio de sistemas de informação e mensuração mais sofisticados, resolvem problemas de complexidade organizacional, mas também contribui para com eles.

Gráfico 1: Despesas Governo Geral[2] como porcentagem do PIB na OCDE e América Latina, 1870-2005

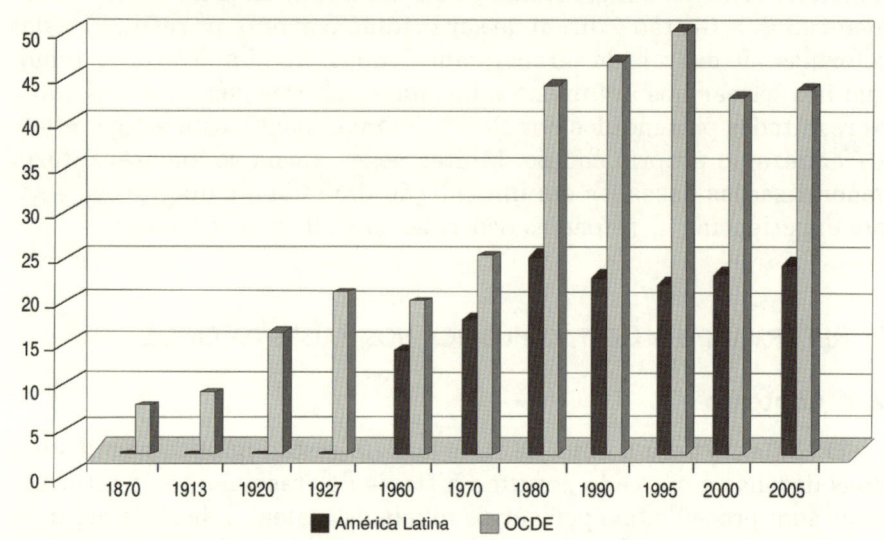

■ América Latina ☐ OCDE

Fonte: 1870-1990: (Banco Mundial: 1997), Figuras 1 e 1.2; 1995-2005: OCDE Stat — Contas Nacionais, e Clements, Faircloth e Verhoeven: 2007, Figura 2.

Gráfico 2: Confiança no serviço público nos países da OCDE

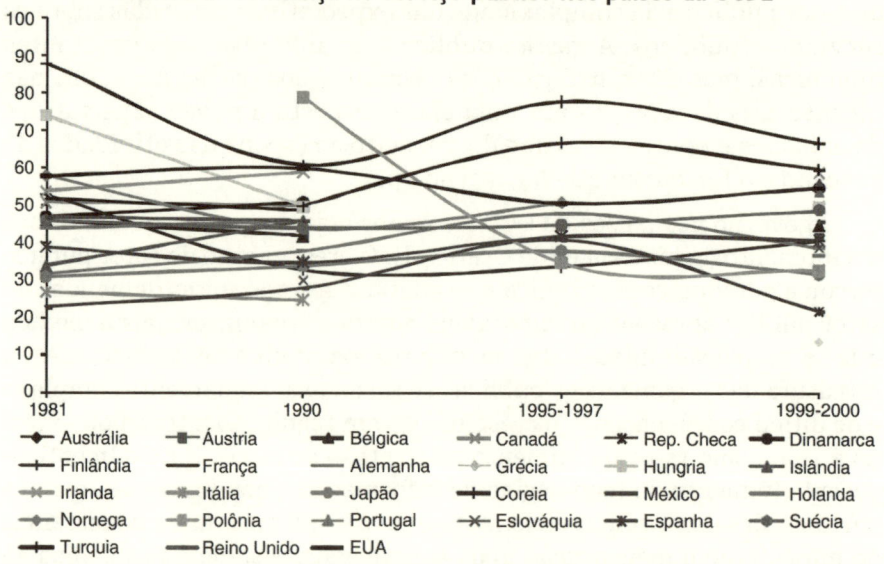

- ◆ Austrália
- ■ Áustria
- ▲ Bélgica
- ✳ Canadá
- ✱ Rep. Checa
- ● Dinamarca
- ✛ Finlândia
- — França
- — Alemanha
- ◆ Grécia
- ■ Hungria
- ▲ Islândia
- ✳ Irlanda
- ✱ Itália
- ● Japão
- ✛ Coreia
- — México
- — Holanda
- ◆ Noruega
- ■ Polônia
- ▲ Portugal
- ✳ Eslováquia
- ✱ Espanha
- ● Suécia
- ✛ Turquia
- — Reino Unido
- — EUA

Fonte: CD-Rom; ICPSR 2790, World Values Surveys and European Values Surveys, 1981-1984, 1990-1993 e 1995-1997, 1º ICPSR versão, fevereiro, 2000. Confiança no funcionalismo público.

Apesar de muitas preocupações sobre confiança no governo ao longo dos últimos 30 anos, não há tendências claras de mudanças (Gráfico 2). A confiança no governo permanece razoável.

Podem-se destacar algumas características dos países da OCDE:

- *Grupo de países razoavelmente homogêneos:* a OCDE é composta por um grupo mais homogêneo de países do que a América Latina no que se refere a tamanho e a diversidade econômica. A OCDE é composta por 30 membros e tem uma população total de 1,2 bilhão de pessoas.

- *Arranjos institucionais relativamente maleáveis:* a evolução das reformas é influenciada por diferentes características dos sistemas administrativos dos países da OCDE, com diferentes estruturas de estado e culturas administrativas. Os primeiros reformadores dentro da OCDE (Austrália, Nova Zelândia e Reino Unido) são caracterizados por um tipo de arranjo institucional mais maleável e com distinta tradição administrativa.

A maleabilidade de sistemas administrativos depende da natureza do poder executivo e da estrutura do estado. Governos majoritários unipartidários têm boas condições de promover programas de reformas complexas, que dentro de governos de coalizão, poderiam criar tensões. A coordenação horizontal de reformas de gestão pública no governo é mais fácil quando existe uma agência que pode atuar como catalisadora do programa de reforma. Estados que dividem a autoridade verticalmente entre níveis de governo, a exemplo de Alemanha, Bélgica, Estados Unidos e Canadá, tendem a ser menos capazes de promover reformas amplas e uniformes do que sistemas unitários, a exemplo de Nova Zelândia, Reino Unido, Holanda e França. Entretanto, a falta de uniformidade intrínseca aos sistemas federais pode também representar um importante ativo, pois governos subnacionais podem servir como "piloto" de futuras reformas a serem adotadas por outros governos subnacionais ou governo central.

Diferentes culturas administrativas também influenciam os padrões de reformas. As tradicionais culturas alemã e escandinava do "Rechtsstaat" (Estado de Direito) inculcam em seus servidores públicos um profundo senso da importância da elaboração e cumprimento das leis, a fim de manter a integridade e a continuidade do Estado. Consequentemente, tais culturas administrativas tendem a gerar uma rigidez legal: mudanças gerenciais frequentemente requerem emendas legais e servidores públicos sentem-se inclinados a resistir a mudanças rápidas, porque encaram a preservação dos procedimentos e instituições existentes como uma preocupação crucial e legítima. Por contraste, o "interesse público" anglo-saxão atribui maior valor a processos decisórios mais pragmáticos e flexíveis em benefício público. Tal tradição parece ser peculiarmente compatível com esforços reformistas mais radicais. A tradição napoleônica, por sua vez, assemelha-se bastante à germânica, embora seja identificada por um maior grau de centralização.

- *Bases sólidas de legitimidade:* o "estado administrativo" surgiu no século XIX e criou a necessidade de legitimidade administrativa. Uma complexa máquina de prestação de serviços pôde somente ser mantida graças a um amplo suporte político.

De forma estilizada, quatro estágios expressam a forma de como a administração pública adquiriu legitimidade nos países da OCDE (Figura 1). As diferentes abordagens devem ser vistas como sendo cumulativas e não sucessivas, aumentando a complexidade à medida que uma abordagem se sobrepõe à anterior e que novos fatores são incorporados ao funcionamento do setor público. Essas etapas destacam mudanças de um serviço público técnico e imparcial, que tem como princípio servir a uma estrutura apolítica de continuidade institucional no século XIX, em direção a um serviço público, em que desempenho e responsividade à liderança política e a expectativas dos cidadãos ganham crescente importância.

Os desenvolvimentos institucionais introduzem, em contrapartida, tensões com as reformas precedentes. Com efeito, os primeiros fundamentos de legitimidade são abalados pelas modificações institucionais posteriores. Especialmente a busca por responsividade e desempenho, por meio de desenvolvimento de quase-contratos, e a introdução de pacotes de incentivos individuais a servidores públicos representam tensões com a uniformidade administrativa proposta inicialmente pelas reformas do século XIX.

A independência técnica e a imparcialidade política – que caracterizam o Estado de Direito – e a continuidade institucional enfatizavam o papel das instituições do serviço público como um limite quase-constitucional das instituições políticas, garantindo sua aderência aos requisitos constitucionais e legais.

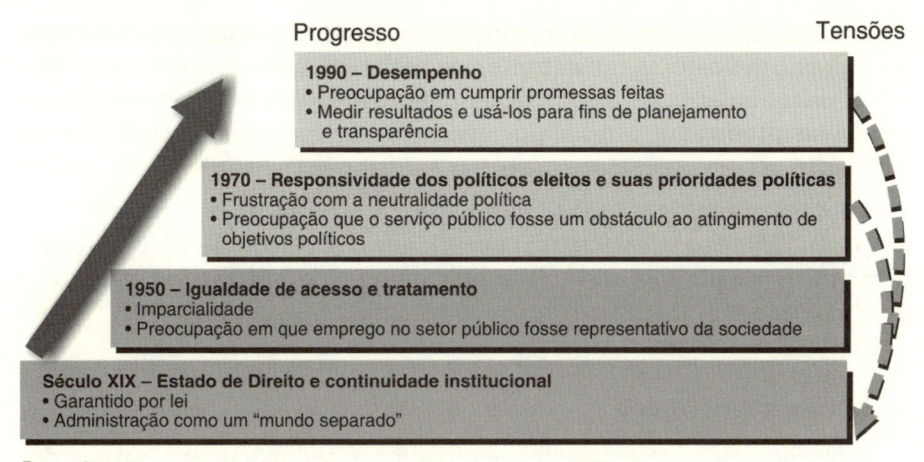

Reformas de Gestão Pública: o que a América Latina tem a aprender com a OCDE? 103

Progresso → Tensões

1990 – Desempenho
- Preocupação em cumprir promessas feitas
- Medir resultados e usá-los para fins de planejamento e transparência

1970 – Responsividade dos políticos eleitos e suas prioridades políticas
- Frustração com a neutralidade política
- Preocupação que o serviço público fosse um obstáculo ao atingimento de objetivos políticos

1950 – Igualdade de acesso e tratamento
- Imparcialidade
- Preocupação em que emprego no setor público fosse representativo da sociedade

Século XIX – Estado de Direito e continuidade institucional
- Garantido por lei
- Administração como um "mundo separado"

Fonte: Autores.

Figura 1: Raízes da legitimidade no serviço público

Portanto, no século XIX houve uma onda de reformas meritocráticas que objetivavam criar um serviço público apolítico regido por seus próprios princípios mecânicos.

Somente após as décadas de 50 e 60, uma noção mais ativa de igualdade de acesso e de tratamento no serviço público entrou para o debate público. Antes, nos países que hoje formam a OCDE, o acesso de cidadãos ao serviço público era notoriamente desigual na prática, apesar das garantias de imparcialidade contidas nas leis. À medida que os valores sociais mudaram, tal discrepância se tornou tema de destaque para o debate público. A imparcialidade tornou-se crescentemente associada à representatividade no serviço público – baseado na premissa de que não há imparcialidade sem representatividade.

2.2. Foco Atual

De um ponto de vista puramente funcional, os desafios presentes nos governos dos países da OCDE podem parecer relativamente semelhantes. OECD (2007a) destaca que todos esses países – em diferentes níveis – deveriam focar na melhoria da participação dos trabalhadores, na liberalização de mercados de produtos e melhoria de habilidades técnicas principalmente por meio de educação secundária. Entretanto, há dez anos Peters (1996) examinou imperativos similares a esses e notou que, em relação às reformas de gestão pública, objetivos políticos diferentes poderiam ser percebidos como pano de fundo de mudanças, mas uma preocupação básica e consistente por responsividade – a políticos eleitos e prioridades políticas – e desempenho (ligações mais explícitas entre os resultados medidos, planejamento e transparência) estava sempre presente.

Empiricamente, a ênfase explícita em equilibrar independência e imparcialidade técnica com responsividade a políticos eleitos e prioridades políticas data dos anos 60, começando por significativas reformas no processo orçamentário, subsequentemente ampliadas para incluir importantes reformas na gestão de recursos humanos.

2.2.1. Responsividade

Um setor público responsivo é aquele que reduz o tempo entre a definição de prioridades políticas e a implementação de políticas públicas. Responsividade refere-se ao que se faz e quando se faz, enquanto a orientação para o desempenho se refere a como se faz. Tais conceitos se tornaram importantes porque a inércia burocrática começou a atrapalhar políticos e dirigentes públicos na destinação de recursos para áreas prioritárias emergentes.

Diversos países da OCDE fizeram um esforço considerável desde os anos 90 para aumentar a responsividade. Tais iniciativas não são restritas apenas ao governo central, mas também a empresas estatais, órgãos governamentais e a governos locais (OECD, 1996). Tal tendência é evidenciada pelo maior uso de órgãos da administração indireta[3] como uma forma de aumentar a responsividade e pela politização dos cargos da alta administração.

2.2.2. Desempenho

Uma orientação do setor público para o desempenho é aquela que estabelece uma ligação explícita entre resultados medidos e o planejamento de serviços futuros ou prestação de contas de serviços já realizados. Compreende uma preocupação em fazer com que promessas *ex ante* sejam medidas a fim de se saber até que ponto elas foram cumpridas ou não.

Como muitos já notaram (Matheson, Weber *et al.*: 2007; Schick: 2005), a noção de desempenho é vista como fundamental para o estado moderno: governos precisam de maneira crescente ganhar legitimidade a partir da oferta de serviços prometidos.

Em gestão de recursos humanos, a preocupação sobre desempenho torna-se particularmente visível na mudança de arranjos institucionais com o propósito de gerir desempenhos individuais. A individualização permite que tipos de recrutamento, contratos de emprego, formas de prestação de conta e pagamento sejam desenhados para especificar tarefas individuais.

2.3. Cinco Dimensões Técnicas da Reforma

Na busca de alguns sinais de convergência nessas diversas trajetórias de reforma das três últimas décadas, este artigo identifica responsividade e desempenho como os principais motivadores das reformas. Esses objetivos paralelos da reforma desempenharam papéis distintos em cinco áreas técnicas: gestão de gasto público e transparência[4] financeira, gestão de recursos humanos, estrutura do setor público, prestação alternativa de serviços e reformas do lado da demanda.

2.3.1. *Gestão de gasto público e transparência financeira*

A história da busca de responsividade e desempenho no setor público pode ser observada nas reformas orçamentárias realizadas nos últimos 30 anos.[5]

Houve duas ondas históricas de reformas. O primeiro conjunto de reformas ocorreu nos anos 60 e início dos anos 70 e preocupou-se primeiramente com o aumento de responsividade do orçamento a prioridades políticas (eficiência alocativa) e pode ser denominado de construção de um orçamento-programa. O segundo conjunto de reformas orçamentárias baseadas no desempenho pode ser entendido como procura de aumento de desempenho, através da melhoria de eficiência operacional.

As reformas na contabilidade pública permitiram a mudança do sistema de regime de caixa para a adoção da contabilidade de "dupla-entrada", permitindo o entendimento da posição do ativo de um determinado departamento ou órgão. Em alguns casos e com muitos desafios, houve a transição completa para sistemas de regime de competência que reconhece o valor de todos os ativos e passivos em adição a receitas e despesas. Este último passo permite, em princípio, que informações dos órgãos do governo sobre custos e desempenho sejam conectadas.

As reformas em auditoria seguiram trajetória similar. Incorporou-se gradualmente a auditoria de desempenho e de *value-for-money*[6] dentro de procedimentos já estabelecidos da tradicional auditoria de controle (Pollitt, Girre et al.: 1999).

2.3.2. Gestão de recursos humanos

Assim como na área orçamentária, a busca por responsividade e desempenho caracteriza as reformas de gestão na área de recursos humanos. As quatro áreas-chave associadas a tais objetivos são: politização dos cargos da alta administração, procura por um governo menor e mais ágil, uso de metas para unidades do governo e quase-contratos para a alta gerência, e a individualização de condições empregatícias.

Nos anos 70, a nova urgência identificada no serviço público foi a melhoria de responsividade a prioridades políticas (Rose: 1976). Em alguns países da OCDE, a falta de resposta do serviço público começou a ser um dos principais obstáculos para a implementação de mudanças em políticas públicas nos anos 80. Embora fosse difícil encontrar o tipo ideal de um "serviço público weberiano" apolítico na prática, sendo que a neutralidade passou a ser crescentemente percebida como obstáculo para respostas rápidas a prioridades políticas.

Uma consequência, como muitos argumentam, foi o aumento de indicações políticas para cargos da alta administração, tal como nos Estados Unidos (Dunn: 1997; Light: 1995; Peters and Pierre: 2004). Na montagem da equipe de governo, os indicados políticos para a alta administração podem assumir posições tanto em órgãos setoriais (Matheson et al: 2007) quanto em assessorias políticas descoladas da hierarquia formal do governo (James: 2007). Enquanto uma crescente politização do serviço público é uma questão importante no debate acerca da responsividade, a difícil evidência restringe conclusões sobre tendências concretas em direção à politização.

Outro desdobramento desse processo é a procura por um serviço público menor e mais ágil. Entretanto, há pouca evidência de qualquer redução em gastos governamentais em funcionalismo (relativo ao PIB), e nenhuma evidência de redução do tamanho do funcionalismo do governo em geral. Ao contrário, dados de recentes pesquisas survey sugerem que em muitos países o gasto total com funcionalismo do governo geral aumentou. Depreende-se, a partir dos dados expostos, que as variações se devem mais a aumentos no PIB do que à política de redução do tamanho do funcionalismo.

O ponto central é que tanto a responsividade quanto o desempenho do serviço público têm sido atingidos por meio de uso de metas para unidades do governo ou quase-contratos estabelecidos com elas – ligados a contratos de desempenho para dirigentes públicos.

Como parte do movimento em direção à individualização, a maioria dos países da OCDE introduziu sistemas de avaliação de desempenho individuais geralmente ligados à promoção salarial e à progressão. A maioria dos países da OCDE implementou políticas de pagamentos atrelados a desempenho, com uma variação ampla nas suas aplicações (OECD: 2005c).

2.3.3. Estrutura do setor público

A ênfase em responsividade e em desempenho evidencia três importantes mudanças estruturais no âmbito do setor público: o desenvolvimento de instituições regulatórias; a descentralização intergovernamental e a descentralização intragovernamental. Essas reformas resultaram uma maior diversificação organizacional, com autoridade gerencial ampliada e provida por novos órgãos da administração indireta e departamentos e ministérios existentes.

Novas instituições de regulação tornaram-se necessárias pela crescente importância que a regulação de atores econômicos adquiriu como função governamental. Novas políticas regulatórias foram desenhadas para reduzir o volume e a complexidade de regulação, para reduzir o custo tanto do processo regulatório quanto seu cumprimento, e para desenvolver regulações que respondessem melhor às preocupações das empresas.

O interesse por responsividade foi primeiramente expresso por meio de novos procedimentos de consulta ao público durante o processo de regulação. Enquanto novas autoridades regulatórias setoriais se desenvolveram, em paralelo, a responsabilidade pela gestão da qualidade regulatória foi centralizada em uma agência, provendo a base para uma reforma mais integrada. A melhoria de desempenho em regulação ainda é um trabalho em andamento.

Descentralização governamental varia significativamente entre os países da OCDE (Blöchliger and King: 2006) e a autonomia fiscal não é correlacionada com a estrutura constitucional. Há uma clara trajetória de aumento em gastos dos governos subnacionais da Itália e da Espanha, por exemplo, após processos descentralizadores. Entretanto, essa tendência não é acompanhada por um correspondente aumento de poder de taxação de governos locais. Consequentemente, esse desequilíbrio fiscal aumentou na década passada.

Tal tendência tem um impacto ambíguo. Se, por um lado, governos subnacionais podem se tornar mais responsivos a preocupações locais, por outro lado, eles podem se tornar menos preocupados sobre desempenho e eficiência, porque não é o dinheiro deles que está sendo gasto.

A diversificação de formas organizacionais dentro do setor público aumentou significativamente por meio da distribuição de responsabilidades de governo a órgãos da administração indireta[7]. Essa noção reflete características comuns em órgãos da administração indireta: estão menos próximos do controle dos políticos, fora da hierarquia de controle de tradicionais ministérios e departamentos setoriais verticalmente integrados; há elevados graus de especialização e gestões diferenciadas dos tradicionais ministérios setoriais; em alguns casos, o ministro é oficialmente impedido de interferir na gestão cotidiana do órgão, mas sempre se procura combinar a transparência dos serviços prestados com uma maior autonomia gerencial e financeira.

Tais órgãos da administração indireta se diferenciam significativamente de acordo com duas dimensões: a forma de controle político e o limite de mudança de suas estruturas.

Por outro lado, três dificuldades potenciais associadas à governança de tais órgãos precisam ser observadas. Primeiro, há uma persistente preocupação de que órgãos da administração indireta estejam criando substanciais desafios na coordenação de políticas (Christensen and Laegreid: 2006, página 137 *et seq.*). Mesmo que não sejam mutuamente exclusivos de quaisquer ganho de desempenho, existem preocupações de que a alta administração tente evitar os detalhes dolorosos da prestação de serviços (James: 2003).

Finalmente, há uma preocupação de que a criação de órgãos da administração indireta possa tirar do governo o empenho em eliminar serviços que já não são mais essenciais na administração pública (Beblavy: 2002). Há limitada evidência de que o crescimento de agências regulatórias, uma intencional não-responsiva forma de órgão da administração indireta seja a maior área de crescimento (Christensen and Yesilkagit: 2006).

2.3.4. Prestação alternativa de serviços

Governos enfrentam, comumente, maiores dificuldades operacionais em prestar certos tipos de serviço do que o setor privado. A terceirização e as Parcerias Público-Privadas (PPPs) tiram proveito da melhor capacidade operacional dos agentes privados, tendo potencial de melhorar tanto a responsividade quanto o desempenho. O governo precisa, por sua vez, ter capacidade de coordenação de tais arranjos; caso contrário, o custo pode superar o benefício.

(Blöndal: 2005) nota que a terceirização pode ser aplicada de maneira ampla. Entretanto, além dos custos de transação do processo de terceirização, há muitas restrições sistêmicas. Mais especificamente, os governos precisam ser capazes de monitorar efetivamente a prestação dos serviços, de gerenciar riscos de governança no que se refere ao uso de influência política ou corrupção, e de se manter atentos à emergência de passivos contingentes. A experiência da OCDE sugere que serviços terceirizados raramente voltem a ser providos por governos.

As Parcerias Público-Privadas (PPPs) incorporam uma ampla variedade de arranjos institucionais que se diferem de país para país. As PPPs são usadas em diversos países da OCDE. Os benefícios proclamados em se adotar PPPs devem-se ao uso do setor privado na potencial melhoria do *value-for-money* e de eficiência, e da transferência de alguns riscos para o operador público. Porém, as PPPs são menos usadas do que muitos preveem. O Reino Unido é o país-membro da OCDE que mais usa PPPs, mas, mesmo assim, elas representam somente 10-15% do total de gastos com investimentos públicos. As PPPs são comumente empregadas em projetos de longo prazo com previsão de manutenção extensiva, com intensidade de capital e com requerimentos de ordem operacional ao longo do ciclo de vida do projeto.

2.3.5. Reformas do lado da demanda

Reformas do lado da demanda exigem um conjunto de mudanças institucionais que colocam uma maior pressão sobre os governos – em adaptar serviços às preferências políticas (responsividade) e em garantir qualidade na implementação (desempenho). De maneira ampla, tais reformas do lado da demanda exigem: uso de mecanismos do tipo-mercado, tal como *cupons*, governo transparente e governo eletrônico.

Primeiramente, *cupons* separam a prestação de serviços públicos de seu financiamento (OECD: 2005b). Existem três tipos de *cupons*. O primeiro tipo é o *cupom* explícito. Eles são *cupons* emitidos a indivíduos que podem trocá-los por serviços em uma rede de fornecedores. O indivíduo que detém o *cupom* escolhe entre diferentes fornecedores e executa o pagamento por meio desse *cupom*, que, por sua vez, pode ser trocado por dinheiro pelo governo. O segundo e terceiro tipos são formas distintas do *cupom* implícito. Uma forma de *cupom* implícito requer que o beneficiário escolha um de diversos fornecedores aprovados, para o qual o governo efetuará o pagamento diretamente. O segundo *cupom* implícito é aquele que o governo reembolsa o usuário pelo gasto em serviços oferecidos pelos fornecedores aprovados, seja por meio de sistema de impostos ou pela transferência de dinheiro. Em cada caso, o governo pode pagar o serviço em parte ou integralmente. Usando essa definição mais ampla, o uso de *cupons* é significativo entre os países da OCDE.

Em segundo lugar, um governo "aberto" pode ser definido, de maneira geral, como aquele em que o setor privado, a sociedade civil e os cidadãos possuem maior poder de saber o que foi decidido (transparência), em obter serviços garantidos por lei (acessibilidade), e em serem ouvidos (consulta pública e participação). Os governos dos países da OCDE desenvolveram diversas instituições de apoio de governo "aberto" (OECD: 2005b).

Finalmente, o governo eletrônico não se refere a um conjunto distinto de instituições – mas formas de prestação de serviços e interfaces com o público por meio eletrônico. A importância de governo eletrônico é tal que são necessárias mudanças institucionais, tornando-se assim uma área distinta de reforma. Melhorias de desempenho resultantes de governo eletrônico podem ser vistas quando grupos específicos, com alto nível de acesso à Internet, são solicitados a realizar certos procedimentos *online*, aumentando canais de prestação de serviços e melhorando o recebimento (OECD: 2005a). Os países da OCDE vêm estabelecendo estruturas legais para o governo eletrônico que reconhecem formalmente a equivalência de processos eletrônicos aos tradicionais processos em papel, permitem o compartilhamento de dados entre órgãos do governo observando a proteção de privacidade e consolidam a legislação existente sobre serviços eletrônicos do serviço público.

2.4. Trajetórias de Reformas Estilizadas

Embora tenhamos clareza de que as tendências de reformas de gestão dentro dos países da OCDE representem um amplo movimento e não uma estreita convergência, a Tabela 1 esboça algumas trajetórias estilizadas que os mesmos vêm seguindo – ainda que haja uma variação significativa de país para país. Tais trajetórias não são claras e bem definidas, ou mesmo previsíveis, mas há alguns padrões gerais nos quais os países da OCDE se encaixam.

Em algumas áreas, mais notadamente a do gasto público e transparência financeira, pode-se observar um movimento em termos de técnicas administrativas que vão de "básicas" para "mais avançadas". Em outras áreas, incluindo gestão de recursos humanos e reformas estruturais, há uma sequência similar (de básico a avançado), porém é mais difícil identificar uma trajetória única.

Tabela 1: Padrões de reformas nos países da OCDE

Área de Reforma	Padrões de Reforma
Controle financeiro: reformas em gestão do gasto público e transparência financeira	
Regras orçamentárias	1. Orçamento orientado por insumos, incremental 2. Orçamento orientado por insumos, não incremental (Planning, Program, Budgeting System PPBS, Orçamento Base Zero) 3. Orçamento orientado por insumos, mais alguma informação sobre desempenho (MBO) 4. Procedimentos orçamentários e prazos baseados em relatórios de desempenho 5. Orçamento utilizando regime de competência
Contabilidade	1. Baseado em regime de caixa 2. Contabilização usando método de dupla entrada 3. Regime de competência com cálculo de custo baseado em um sistema de mensuração de desempenho.
Auditoria	1. Auditoria financeira e controle tradicionais 2. Foco em controle com elementos de desempenho e avaliação 3. Auditoria financeira, de controle e de desempenho institucionalizadas.
Controle das pessoas: reformas em gestão de recursos humanos	
Tamanho e composição do funcionalismo	1. Incentivos para redução do funcionalismo 2. Grande uso de entradas laterais – particularmente das posições da alta administração

Tabela 1 (Continuação)

Área de Reforma	Padrões de Reforma
Compensação e carreira	1. Mudança em direção a um sistema baseado na posição (ou mesmo ao uso de leis trabalhistas comuns) 2. Promoção por desempenho 3. Descentralização da função de empregador 4. Introdução limitada de remuneração por desempenho – associado a metas ou a quase-contratos com órgãos públicos 5. Mudança para sistemas de pensão baseados em contribuição
Gestão regulatória: reformas em estrutura do Setor Público	
Regulação	1. Crescimento de agências independentes 2. Criação de agências centrais para a gestão da regulação
Descentralização intergovernamental	Alguma descentralização funcional e fiscal para governos subnacionais
Diversificação organizacional	1. Desagregação – (possível) criação de mais órgãos da administração indireta 2. Delegação de autoridade gerencial no interior de ministérios e departamentos
Controle organizacional: reformas em prestação alternativa de serviços	
Terceirização	Aumento de terceirizações
Parceria Público-Privadas	Aumento no uso de PPPs como mecanismo de financiamento de projetos de interesse público
Empoderamento de cidadãos: reformas do lado da demanda	
Mecanismos do tipo mercado	1. Formas de prestação de serviços públicos baseados no mercado (incluindo a introdução de cobrança e uso de cupons) 2. Formas de prestação de serviços internos do governo baseados em mecanismos de mercado 3. Formas de estabelecer regras e preços de regulação baseados em mecanismos de mercado
Participação	Diversas atividades-piloto de crescente participação em gestão e planejamento
Governo aberto	1. Provisão de informação sobre serviços e dotações por meio de "boletins de direitos do cidadão" 2. Legislação sobre liberdade de informação 3. Extensão de escritórios de ouvidoria
Governo eletrônico	1. Provisão de informação sobre serviços e direitos por meio de governo eletrônico 2. Infraestrutura de governo eletrônico e marco legal

Fonte: Joumard et al: 2004; OCDE: 2005b, c, 2007b; Pollitt et al: 2004a.

2.5. Conquistas e Riscos

Seria muito cinismo se não fossem reconhecidas as melhorias de produtividade e qualidade do setor público nos países da OCDE ao longo das três últimas décadas. Essas melhorias são devidas, em grande medida, a um aumento da capacidade humana dentro do setor público. Sem dúvida, os investimentos em tecnologia de informação e comunicação (TIC) fizeram uma significativa contribuição, mesmo que a evidência seja razoavelmente escassa. Entretanto, não há dúvidas de que reformas de gestão contribuíram de modo marcante para tais melhorias.

Métodos e técnicas baseados em desempenho foram instrumentos essenciais deste processo reformista. Ainda assim, uma ampla análise de "custo-benefício" exigiria exame dos custos e dos resultados das reformas – e aqui a evidência é ainda escassa (OECD: 2008 [no prelo]; Pollitt *et al:* 2004). As reformas podem ter sido mais custosas do que o antecipado – e elas também geraram consequências não esperadas.

2.5.1. Responsividade

Diversos países da OCDE empenharam-se desde os anos 90 para aumentar a responsividade. Tais iniciativas não ficaram restritas somente ao governo central, mas se estenderam também aos órgãos da administração indireta e a governos locais (OECD, 1996b).

As origens de uma crescente preocupação com responsividade variam, mas elas são relacionadas a pressões orçamentárias, insatisfação com os serviços públicos existentes e, mais particularmente, às preocupações de lideranças políticas com a impossibilidade de introdução ou prestação de novos programas de governo dentro de um tempo politicamente viável.

2.5.2. Métodos e técnicas baseados em desempenho

Medidas de desempenho foram introduzidas na gestão e no orçamento pelos governos dos países da OCDE, de forma crescente. De vez em quando, essas medidas são baseadas em padrões, que são um tipo de "promessa de prestação de serviço". Enquanto o escopo, tipo e usos de medidas de desempenho variam enormemente entre os países da OCDE, diversos países preferem adotar abordagens nos orçamentos, na gestão e na prestação de contas com menor ênfase em controle de insumos e processos (*ex ante*) e mais ênfase em monitoramento e transparência de produtos e resultados (*ex post*).

Tabela 2: Tipos de medidas de desempenho usados em países da OCDE

Medidas relativamente simples → Medidas complexas			
	Medidas de processo	Controle com autoridade delegada	Regulação e responsabilidades legislativas acordadas
		Liderança	Forte governança interna e liderança e manutenção de boas relações de trabalho
		Gestão de aprendizado e mudança	Arranjos efetivos de aprendizado da equipe, promovendo inovação e gestão de mudança
		Gestão de recursos humanos	Bons recrutamentos e decisões de retenção, e ambiente de trabalho produtivo
		Uso e desenvolvimento apropriado de recursos	Recursos operacionais, ativos financeiros e infraestrutura de TIC são bem gerenciados
		Promoção/preservação de valores	Efetividade de mecanismos para promoção de valores do serviço público
	Medidas de resultado	Uso de insumo	O que vai ao sistema? Quais recursos são usados?
		Produtos produzidos	Que produtos e serviços serão entregues? Qual a qualidade desses produtos e serviços?
		Objetivos da política pública alcançados	Resultados intermediários (consequência direta dos produtos)
			Resultados finalísticos (significativamente atribuídos aos produtos)
	Medidas de índices	Eficiência	Custo/Produto
		Produtividade	Produto/Insumo
		Efetividade	Produto/Resultado (intermediário ou finalístico)
		Custo-Efetividade	Insumo/Resultado (intermediário ou finalístico)

Essas medidas são válidas para desempenho somente havendo uma clara relação causal entre as saídas e a medida.

Fonte: Ketelaar *et al:* 2007.

O relaxamento de controles de insumos dá aos gerentes maior flexibilidade para melhorar desempenho, enquanto, por outro lado, eles se tornam responsáveis por resultados.

Essa abordagem levou ao desenvolvimento de processos mais robustos de controle externo e de resultados, enfatizando que resultados são tão importantes quanto a forma de entregá-los. Paralelamente, controles de gestão interna para probidade e controle fortaleceram-se, da mesma forma que muitas decisões de alocação de recursos financeiros e não-financeiros são, agora, feitas discricionariamente por gerentes de projeto.

Colher dados de desempenho é dispendioso; desenvolver e implementar indicadores consistentes levam tempo. Mais importante ainda é levar em consideração que sistemas de gestão de desempenho não são um fim em si mesmos, mas podem servir de motivo para servidores públicos serem mais atentos a propósitos públicos e resultados.

2.5.3. Consequências não esperadas

Schick (2005) destacou que há o risco de que responsividade e desempenho na prestação de serviços sejam melhorados à custa de deterioração, em longo prazo, dos fundamentos de legitimidade. Responsividade e desempenho são demandados, mas eles por si mesmos não sustentam a legitimidade do governo. De fato, se eles são atingidos por irrestrito envolvimento político que erodam a imparcialidade, o caráter inclusivo do serviço público e a percepção de respeito da constituição, então, eles minam a legitimidade em longo prazo do governo.

Não há respostas fáceis e rápidas para se saber se as bases de legitimidade do serviço público nos países da OCDE foram abaladas após a introdução das reformas recentes. Há, porém, alguns sinais de reconhecimento de riscos. Há, também, consequências não esperadas, que podem ser resumidas como:

- *Erosão do valor do serviço público:* com a descentralização da função de empregador e a individualização da remuneração, o setor público passou a ser mais heterogêneo. O risco é de erosão de valores não-escritos e do *ethos* do setor público. A magnitude desta preocupação é uma questão em aberto, mas, qualquer que seja o caso, há uma tendência de que regras não-escritas sejam trocadas por explícitos códigos de ética, que devem ser cumpridos.
- *Gestão dos limites político-administrativos:* há tempos que princípios de neutralidade do serviço público – no senso de apartidarismo

– são defendidos por todos os países da OCDE, todavia nem sempre isso se traduz na indicação apolítica para cargos de comando. Os países ainda têm uma variedade significativa de leis, convenções e procedimentos que explicitam precisamente a divisão de responsabilidade entre ministros e servidores públicos – em alguns casos proibindo políticos ou servidores públicos de se envolverem em determinadas áreas. Entretanto, tais arranjos estão em considerável nível de tensão.

- *Riscos emergentes:* Terá havido um número exagerado de reformas? Uma recente revisão conclui, acerca dos Estados Unidos, que "o dilúvio de recentes reformas pode ter contribuído pouco para realmente melhorar o desempenho. Ao contrário, elas podem ter criado confusão dentro do governo sobre o que o Congresso e o presidente realmente querem, distração de debates necessários sobre missões e recursos organizacionais, e a ilusão de que mais reformas levarão a um melhor governo" (Light: 2006). A princípio, é certamente possível que os custos de algumas reformas de gestão pública talvez não compensem os benefícios. Além dos custos de pessoal e material envolvidos na preparação e implementação das reformas, outros custos não-intencionais – menos tangíveis, porém possivelmente significativos – precisam ser considerados. Transparência excessiva pode comprometer órgãos decisórios (Stasavage: 2006). Além disso, os métodos e as técnicas de desempenho trazem com eles um significativo risco de "fraude"[8]. Entretanto, (Bevan *et al:* 2005) salientam que os riscos de "fraude"[9] podem ser reduzidos ao se elevar o nível de dificuldade para que os agentes envolvidos não prevejam exatamente o que será medido e como isso será feito.

3. REFORMANDO A GESTÃO PÚBLICA NOS PAÍSES DA AMÉRICA LATINA

3.1. Contexto

Os países da América Latina compartilham características comuns em termos históricos e culturais, incluindo experiências comuns de crises políticas e econômicas. Os países hispânicos possuem quase dois séculos de independência, enquanto o Brasil, ex-colônia de Portugal, possui um pouco menos do que isso. Mas por causa da restrição de voto e ausência de modernos partidos políticos, tal independência não foi sempre sinônimo de democracia. O século XIX foi marcado pela presença de "oligarquias liberais" e governo mínimo. Durante o século XX, houve a emergência de uma classe média e, em alguma medida, da classe trabalhadora. A partir dos anos 30, interesses de classe foram frequentemente ligados ao estado corporativista/paternalista. Houve, entretanto, um lento movimento em direção à democracia no século XX, embora pontuado por episódios de autoritarismo, populismo e instabilidade política e econômica.

Nas últimas décadas, a América Latina viveu períodos sistemáticos de crises econômicas e reformas. Como uma resposta para a "década perdida", três principais elementos de reforma do estado na América Latina foram priorizados – no que veio a se chamar Consenso de Washington (Lora: 2007): a) *democratização* (sistemas políticos e eleitorais foram reformados, partidos políticos mudaram, a representação foi ampliada, e o sistema jurídico aperfeiçoado (Lora: 2007) com o final dos governos militares); b) *estabilização econômica* (combate à inflação, aumento do nível de independência dos bancos centrais, melhoria de sistemas de cobrança de impostos, privatização, reforma de instituições orçamentárias, sistemas financeiros e previdenciários); c) *abertura econômica*.

Embora o principal propósito dessas reformas fosse o de reduzir o tamanho do governo, o governo dos países da América Latina são relativamente pequenos quando comparados com o resto do mundo. A razão entre o gasto geral do governo sobre PIB é uma das menores do mundo, quando comparamos tal proporção com países do mesmo nível de renda (Gráfico 3).

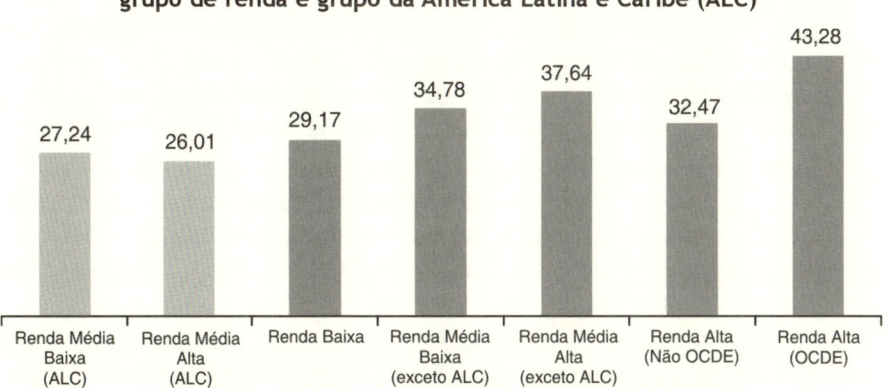

Gráfico 3: Média do gasto geral do governo como porcentagem do PIB por grupo de renda e grupo da América Latina e Caribe (ALC)

Renda Média Baixa (ALC)	Renda Média Alta (ALC)	Renda Baixa	Renda Média Baixa (exceto ALC)	Renda Média Alta (exceto ALC)	Renda Alta (Não OCDE)	Renda Alta (OCDE)
27,24	26,01	29,17	34,78	37,64	32,47	43,28

Fonte: Fundo Monetário Internacional, *Government Financial Statistics* (2008).

Mesmo quando corporações públicas não-financeiras são incluídas no cálculo para a América Latina, a média regional permanece baixa em termos relativos, com menos de 30% do PIB em média. O Brasil é claramente uma exceção[10].

Países da América Latina não apenas gastam menos, em média, do que os da OCDE, como também enfrentam um público mais cético (Gráfico 4).

Gráfico 4: Confiança no governo na América Latina e Europa (2003-2005)

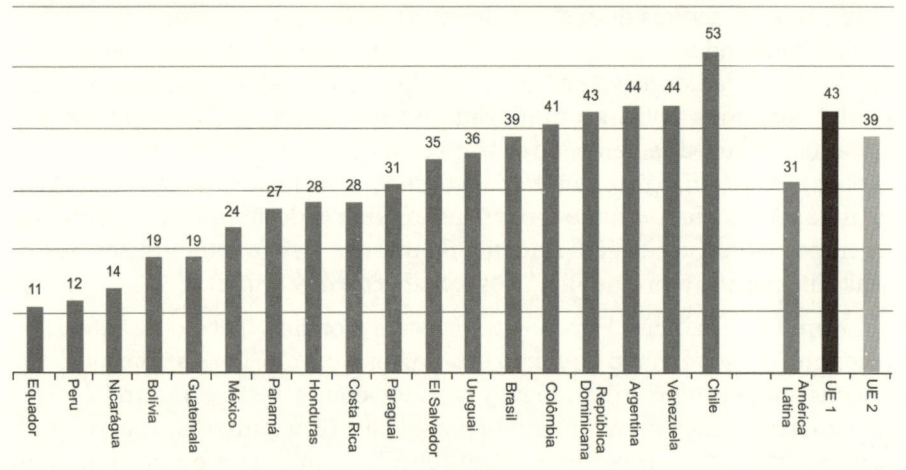

Fonte: *Latinobarómetro, 2003-2005; Eurobarometer 62, (2005).*

Destacam-se algumas características dos países latino-americanos (incluindo Caribe):

- *Grupo heterogêneo de países:* A América Latina possui 34 países com uma população ao redor de 520 milhões de habitantes. Esse conjunto de países apresenta variações consideráveis em termos de qualidade da administração pública e de efetividade do governo (Gráfico 5).

  A amplitude das diferenças na qualidade de administrações públicas e os fatores que as desencadeiam são ilustrados em uma tipologia de países desenvolvida por um estudo do Banco Inter-Americano de Desenvolvimento (BID) (Echebarría *et al:* 2007). Tais países são classificados como:

  a) *Burocracias baseadas no mérito* (possuem uma boa capacidade técnica e independência política. Chile e Brasil inserem-se nesta categoria).

Reformas de Gestão Pública: o que a América Latina tem a aprender com a OCDE? **119**

Gráfico 5: Índices de efetividade do governo e qualidade da administração pública em 20 países da América Latina e Caribe

■ Efetividade de Governo (WBI)   ▨ Qualidade da Administração Pública (BID)

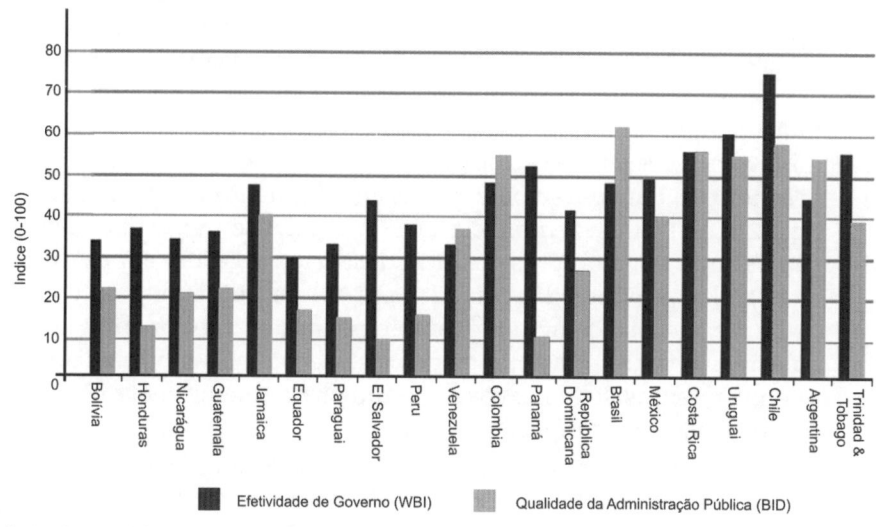

Fonte: Instituto Banco Mundial (WBI) e Lora (2007).

b) *Burocracias administrativas* (possuem alguma independência política, mas as regras existentes, baseadas em mérito, não são aplicadas, os incentivos para melhorar o desempenho são fracos, os empregos são politicamente determinados e a burocracia desempenha um limitado papel no governo. Exemplos: Argentina, Colômbia, Costa Rica, México, Uruguai e Venezuela).

c) *Burocracias fracas* (a burocracia é tecnicamente fraca e desempenha um papel marginal, restringindo-se à execução de tarefas mais simples. Exemplos: Bolívia, República Dominicana, Equador, Paraguai, Peru, e os outros países da América Central).

• *Arranjos institucionais complexos:* Se os primeiros países reformadores da velha OCDE são caracterizados por arranjos maleáveis na administração pública, os países da América Latina são certamente diferentes. Eles compartilham uma noção comum de centralidade de estado, cuja legislação civil se baseia no código napoleônico. Por um lado, essas características proveem estabilidade. Por outro lado, elas evitam, em sistemas presidencialistas, que rápidas mudanças estruturais ou de gestão sejam conduzidas por decisão do Executivo.

NICK MANNING/GEOFFREY SHEPHERD/JÜRGEN BLUM/HUMBERTO LAUDARES

A maioria desses países possui sistema presidencial de governo[11], em que o presidente e o Congresso dividem poder e independência política de um para o outro. O cenário é particularmente agravado quando há uma relação antagônica entre o presidente e o Legislativo ou onde coalizões detêm o poder. Essa é uma das razões que ajudam a explicar por que a multiplicação de órgãos da administração indireta, que muitas vezes se tornam "ilhas de excelência" dentro do governo, virou uma estratégia comum na América Latina. No caso brasileiro, o Banco Nacional de Desenvolvimento Econômico e Social (BNDES) é um exemplo clássico. A atual discussão sobre a criação de uma nova empresa estatal destinada à gestão e à extração de petróleo provindo das camadas pré-sal, recentemente descobertas, apresenta-se como um exemplo recente – embora ainda especulativo. É típico, em tempos de crises econômicas e financeiras, que presidentes sejam capazes de impor um maior controle sobre práticas administrativas.

Argentina, Brasil, México e Venezuela também enfrentam outros desafios. Em sistemas federativos com autoridade constitucional dividida entre diferentes níveis de governo, governos centrais são geralmente menos capazes de promover reformas amplas e uniformes. Por outro lado, governos subnacionais fortes podem prover "laboratórios" locais para o teste de reformas antes de implementá-las em escala maior. Esse pode ser o caso de melhoria de desempenho nos hospitais de São Paulo, Brasil, com a adoção de Organizações Sociais de Saúde, permitindo uma parceria formal entre o Estado e uma organização não-lucrativa (ou não-governamental) para o gerenciamento de hospitais públicos. O "choque de gestão" em Minas Gerais também pode ser um exemplo de inovação de gestão pública, usando instrumentos tais como os Acordos de Resultados, quase-contratos acordados entre o governador e secretários setoriais. Tais acordos estabelecem metas a serem atingidas pelas secretarias setoriais, e informações de monitoramento de desempenho são transmitidas ao governador por meio de uma comissão independente.

- *Fraca legitimidade da administração pública em geral:* Há um progresso substancial na reforma de estado na América Latina, mas, ainda, há um longo caminho a ser percorrido e esse processo é frágil e reversível. A dificuldade de promover reformas sustentáveis em tempo politicamente viável é refletida na fraca legitimidade do Estado, que debilita esforços de reformas adicionais[12], em particular a reforma da própria administração pública.

Em contraste com os países da OCDE, as bases da legitimidade do setor público não seguem a mesma sequência ao longo do tempo (Figura 1 para os países da OCDE).

Nos países da América Latina, esse processo foi diferente (Figura 2). A responsividade administrativa sempre foi presente na região. Primeiro, ela foi institucionalizada por meio de uma estrutura de poder centralizada, herdada do período colonial. Segundo, com o objetivo de se manter o *status quo*, especialmente das elites urbanas e rurais, a responsividade política a demandas políticas ocorria por meio de práticas paternalistas e clientelistas.

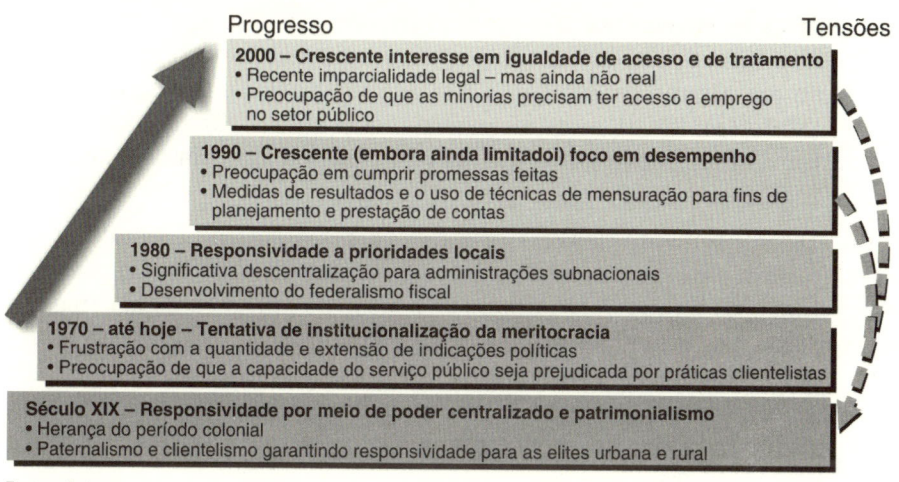

Progresso — Tensões

2000 – Crescente interesse em igualdade de acesso e de tratamento
- Recente imparcialidade legal – mas ainda não real
- Preocupação de que as minorias precisam ter acesso a emprego no setor público

1990 – Crescente (embora ainda limitadoi) foco em desempenho
- Preocupação em cumprir promessas feitas
- Medidas de resultados e o uso de técnicas de mensuração para fins de planejamento e prestação de contas

1980 – Responsividade a prioridades locais
- Significativa descentralização para administrações subnacionais
- Desenvolvimento do federalismo fiscal

1970 – até hoje – Tentativa de institucionalização da meritocracia
- Frustração com a quantidade e extensão de indicações políticas
- Preocupação de que a capacidade do serviço público seja prejudicada por práticas clientelistas

Século XIX – Responsividade por meio de poder centralizado e patrimonialismo
- Herança do período colonial
- Paternalismo e clientelismo garantindo responsividade para as elites urbana e rural

Fonte: Autores.

Figura 2: Mudando as bases de legitimidade no serviço público na América Latina

Essa forma de responsividade administrativa a prioridades políticas garantiu que o Estado respondesse a demandas da elite social, limitando a provisão e a redistribuição de bens públicos a outros grupos. Entretanto, ambas as respostas foram obtidas ao custo de ineficiências, tais como práticas clientelistas e excessivo emprego de burocratas oriundos das áreas urbanas (Geddes: 1991; Acemoglu *et al.*: 2006).

Portanto, a responsividade era limitada – focada na elite – e o Estado era limitado também – em termos de capacidade institucional.

Tal como as reformas nos países da OCDE, há tensões intrínsecas a este processo. A tentativa de mudança para um regime de desempenho mais rigoroso, iniciativas de descentralização e as tentativas contínuas de institucionalização da meritocracia no serviço público desafiam os métodos politicamente testados e usados de garantia de responsividade – paternalismo, clientelismo e centralização.

Neste cenário político e econômico, a profissionalização e a continuidade institucional foram interrompidas. A construção institucional é um trabalho inacabado que tem sido realizado de forma oportunista, de forma pontual ou ocasionalmente, mas nunca sistematicamente.

Mais recentemente, o conceito de desempenho foi incluído na retórica reformista, inspirado por uma experiência de relativo sucesso em alguns países da OCDE. Algumas melhorias foram feitas (Matsuda: 2003), mas tais experiências ainda funcionam como fator de inspiração para futuras reformas na maioria dos países da região.

Diferentemente da trajetória dos países da OCDE, a igualdade de acesso e de tratamento na administração pública foi ignorada ao longo do tempo. A igualdade de acesso ao emprego no serviço público, por meio de sistemas meritocráticos, é uma exceção na região (Echebarría *et al:* 2007). Mesmo em exceções como o Brasil, arranjos meritocráticos apresentam inconsistências e não são aplicados em todas as áreas e níveis de governo.

Na maioria dos países, muitos empregos na administração pública permanecem politicamente determinados e tendem a ser distribuídos a elites urbanas ou beneficiários do tradicional patrimonialismo. Há sempre uma tendência em contratar mais servidores públicos do que o ponto de equilíbrio em troca de suporte político (Geddes: 1991).

Panizza (1999) concluiu que, no meio dos anos 90, o pagamento de servidores públicos em três de oito países latino-americanos era superior aos seus equivalentes no setor privado. O emprego no serviço público na região tem outras características que os fazem mais atrativos do que outros empregos, tais como estabilidade, aposentadoria e previdência social.

Dado que o Estado é relativamente pequeno (Gráfico 3) e os gastos com pessoal são relativamente altos, a consequência é que o Estado provê poucos bens públicos, especialmente em áreas sociais, focados em grupos de baixa renda (Tanzi: 2008). Este é o contorno de um estado limitado, que contribuiu com a manutenção da "armadilha da desigualdade" intergeracional, bem conhecida na região (Banco Mundial, 2005). Como resultado, comunidades rurais e minorias permanecem privadas de bens públicos (educação, saúde, etc.) e tratamento de igualdade, portanto, oportunidades[13]. Além disso, as políticas públicas também têm um impacto redistributivo ineficaz.

Gráfico 6: Desigualdade social na América Latina e na Europa antes e depois de impostos e transferências (Coeficiente Gini)

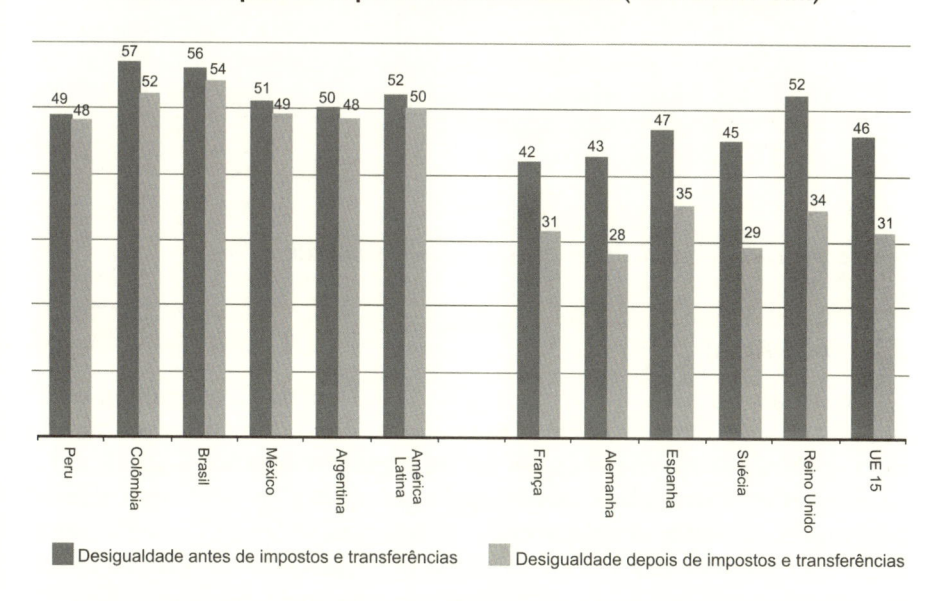

País	Desigualdade antes de impostos e transferências	Desigualdade depois de impostos e transferências
Peru	49	48
Colômbia	57	52
Brasil	56	54
México	51	49
Argentina	50	48
América Latina	52	50
França	42	31
Alemanha	43	28
Espanha	47	35
Suécia	45	29
Reino Unido	52	34
UE 15	46	31

A Previdência Social é particularmente um gasto regressivo, consumindo uma considerável porcentagem do orçamento governamental (Gráfico 7).

A imparcialidade da administração pública é, neste caso, incompleta, porque os estados não atingem toda a sociedade em termos de acesso a oportunidades de emprego no setor público ou em termos de provisão de serviços.

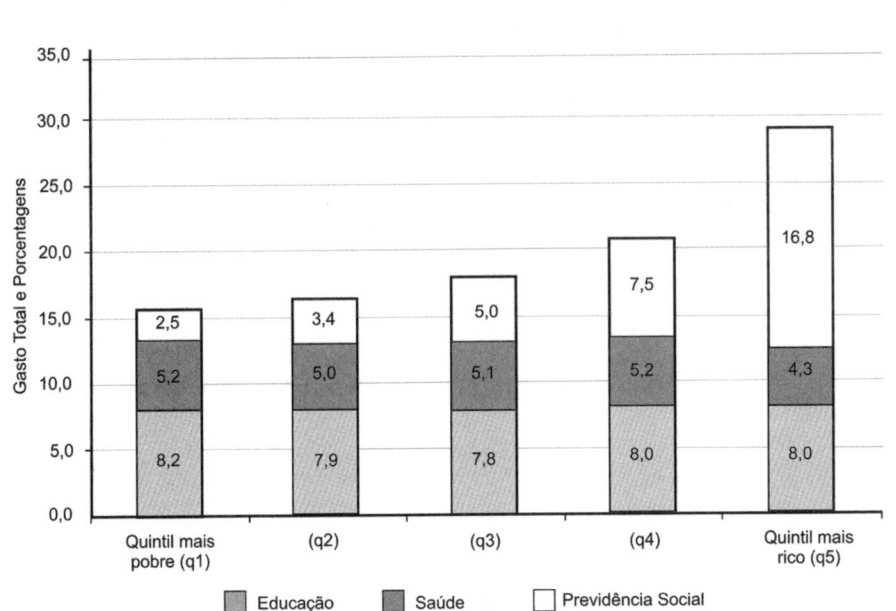

Gráfico 7: Distribuição do gasto social por níveis de renda: Média de países selecionados na América Latina

Quintil	Educação	Saúde	Previdência Social
Quintil mais pobre (q1)	8,2	5,2	2,5
(q2)	7,9	5,0	3,4
(q3)	7,8	5,1	5,0
(q4)	8,0	5,2	7,5
Quintil mais rico (q5)	8,0	4,3	16,8

Fonte: OCDE Development Center. Latin American Economic Outlook 2008.

3.2. Foco Atual

Os atuais desafios que os países da OCDE enfrentam também estão presentes na América Latina. Eles são, todavia, consideravelmente menos óbvios. Para todos os países na região, o desafio de melhorar o desempenho é premente, não somente por causa de restrições fiscais, mas também devido ao desperdício de recursos públicos – notadamente como resultado de corrupção. Apenas em alguns países – Chile e Brasil são líderes – se iniciou um movimento de adoção de métodos e técnicas com foco em desempenho mais sofisticado, conforme os empregados em países da OCDE. Mas, como acontece, mesmo em países desenvolvidos, a retórica, às vezes, não reflete a realidade.

O desafio de responsividade política tem sido uma questão discretamente silenciada na América Latina. É na área de descentralização que este ponto tem sido, obviamente, mais levantado: a descentralização norteia-se por motivação política de responsividade, e não pelo potencial de geração de eficiência provinda de uma reforma sistêmica do federalismo fiscal.

A não-responsividade a políticos do governo central é mais rara: a maioria dos servidores civis não é suficientemente forte para enfrentar os políticos. Ao mesmo tempo, a igualdade de tratamento de cidadãos tem-se tornado uma pauta importante no desenvolvimento democrático da região. Comunidades, originalmente privadas de acesso à oportunidade de emprego no setor público e de serviços, ganharam voz e poder político, a exemplo das populações indígenas dos países andinos.

Em geral, a baixa confiança no governo, a limitada capacidade fiscal, serviços públicos insuficientes e a baixa redistribuição de renda parecem relacionar-se entre si. Por exemplo, nos países da América Latina, a parcela daqueles que confiam em que os impostos são bem gastos se correlaciona com a parcela daqueles satisfeitos com democracia, com melhor coeficiente de Gini e gasto social progressivo (Santiso: 2007). Contudo, é mais difícil distinguir as relações causais entre esses fenômenos. É possível que haja um círculo vicioso entre baixas receitas de impostos[14] e serviços insuficientes.

Na prática, dois tipos estilizados de reformas de gestão pública podem ser vistos:

- Onde o setor público opera de uma forma razoavelmente transparente, seguindo os preceitos legais, onde os servidores públicos são contratados por mérito e são razoavelmente imunes a pressões políticas, as reformas se parecem com as empreendidas pelos países da OCDE, em análise nesse artigo. Em tal cenário, métodos e técnicas baseados em desempenho são empregados de modo crescente na gestão de recursos humanos, na elaboração orçamentária e na promoção de melhorias de eficiência na prestação de serviços. Essas reformas tendem a se institucionalizar e são sustentáveis.

- Em outros casos, as reformas podem ser implementadas como "projetos-piloto" ou experimentos, especialmente onde patrimonialismo e clientelismo estão mais enraizados. Essas reformas buscam os mesmos objetivos na melhoria de desempenho e responsividade, embora tendam a ser localizadas e desconectadas de outras reformas que estão ocorrendo ou ocorreram, recentemente, no setor público. Elas sugerem, portanto, mais oportunismo do que estratégia e, aqui, o risco de reversão é fácil de ocorrer. Esses casos representam a maioria das reformas que vêm sendo promovidas na região.

3.3. Cinco Dimensões Técnicas da Reforma

Uma conclusão importante sobre a comparação entre os países da OCDE e da América Latina é que enquanto as trajetórias de reformas se diferenciam, as principais mudanças ocorreram sob as mesmas cinco dimensões institucionais.

3.3.1. Gestão de gasto público e transparência financeira

- *Regras orçamentárias para disciplina fiscal* são necessárias para evitar gastos excessivos e ineficientes de recursos públicos, especialmente por meio de regras que buscam proteger tais recursos de interesses privados. De acordo com Filc e Scartascin (2007), reformas orçamentárias na América Latina no período de 1990 a 2004 tiveram um impacto positivo na melhoria de controle de resultados fiscais: melhores instituições orçamentárias associam-se a menores déficits fiscais. As maiores tendências de reforma foram:
    a) restrições numéricas (leis de "responsabilidade fiscal" impuseram limites em gastos, déficits ou dívidas públicas; planos plurianuais deram previsibilidade e flexibilidade a metas anuais; fundos contribuíram para estabilizar receitas advindas de impostos ou exportações; restrições fiscais numéricas foram impostas a governos subnacionais);
    b) Regras de procedimento (ou hierárquicas) (limitação do Poder Legislativo na mudança de decisões do Executivo; maior poder do Ministro de Fazenda em relação aos outros ministérios);
    c) regras de transparência (regulações destinadas à melhoria de acesso a informação de resultados fiscais).

- *As políticas de melhoria de desempenho* são o próximo passo para lidar com ineficiências relacionadas à alocação de recursos, implementação de políticas e qualidade de gasto. O orçamento de desempenho tem recebido uma crescente ênfase por parte de governos e agências multilaterais (World Bank: 2008).

    Na América Latina, grande parte das informações de desempenho é atualmente retirada de programas e projetos e a ligação com o orçamento é, de maneira geral, meramente *pro forma*. Metas e indicadores de desempenho são frequentemente estabelecidos por ministros setoriais em seus programas, com recursos especificamente alocados, refletindo seus respectivos planos estratégicos. Há, portanto, um conjunto de programas e metas a serem monitorados. Inicialmente, tais indicadores tendem a medir níveis de consecução de metas, embora eles venham sendo cada vez mais usados para medir resultados intermediários e finalísticos. Mesmo assim, a institucionalização desses indicadores e a ligação deles com o processo orçamentário continuam sendo um desafio.

Diversos países da região têm um limitado grau de liberdade na priorização, planejamento e gestão de gastos baseados em informação de resultados. Há frequentemente pouco tempo para usar tais insumos durante o ciclo orçamentário e há outros problemas relacionados à complexidade de sistemas de monitoramento e avaliação existentes.

O orçamento de desempenho possui um promissor potencial de transformar práticas orçamentárias na América Latina.

Entretanto, há riscos comuns e desafios enfrentados por governos na implementação de orçamento de desempenho. Isso inclui: desenvolvimento adequadamente robusto de medidas de desempenho de fácil compreensão; busca de formas de integrar tais informações ao rígido processo orçamentário; provisão da quantidade e tipo de informação adequada aos tomadores de decisão em tempo viável; e criação de incentivos para o uso de informação na tomada de decisões orçamentárias e sustentação das reformas.

- *As compras públicas* são um tópico especializado dentro de gasto público – um aspecto particular que melhora o desempenho e combate a corrupção também. Muitos regimes de compras na América Latina apresentam um desempenho insatisfatório. Eles oferecem um microcosmo do problema de informalidade na administração pública latino-americana – um excesso de regras (formalismo) que são raramente aplicadas.

Baseando-se em uma revisão do Banco Mundial sobre compras públicas em dez países da América Latina, o Instituto Brookings (2008) avalia que houve um modesto progresso na reforma de processos de compras na região. O Chile, com o mais avançado sistema eletrônico de compras públicas (e-GP) na região, é a maior exceção.

Muitos dos outros países contidos nessa amostra seguem a mesma trajetória de reformas técnicas e tiveram um progresso limitado.

- *Informação financeira:* uma característica marcante das reformas do setor público nos países da América Latina é a ênfase no fortalecimento da gestão financeira do governo com melhorias na contabilidade, particularmente por meio de investimentos em sistemas integrados de gestão financeira (SIGFs). Os elementos básicos de um SIGF incluem gestão orçamentária, contabilidade, tesouro, gestão de dívida, gestão de compras e contas públicas. A premissa é a de que melhorando a qualidade e a disponibilidade de informação necessária a várias fases da gestão das finanças públicas melhores decisões e resultados serão alcançados.

A região apresentou um relativo sucesso em reformas de SIGF como reflexo da dominância da agenda macroeconômica. Embora o SIGF seja, também, uma ferramenta que melhora a transparência e previne a corrupção, as reformas de gestão financeira na região raramente foram feitas devido a pressões políticas da sociedade em direção à melhoria de governança e de prestação de serviços.

- *Auditoria:* todos os países da América Latina possuem instituições de auditoria (IAs). Analisando as regras de uma amostra de dez IAs da região (em termos de independência, credibilidade, exequibilidade e cumprimento), Santiso (2006) encontrou uma considerável variação de desenvolvimento organizacional: de relativamente efetivas instituições de auditoria (Brasil, Colômbia e Chile) para relativamente não-efetivas (Equador, Argentina, Peru e México). Normalmente, as IAs estão mudando de auditoria de controle para auditoria de desempenho.

3.3.2. Gestão de recursos humanos

Nas primeiras fases da reforma do Estado, uma das principais preocupações no que dizia respeito à reforma de recursos humanos era a redução do tamanho do funcionalismo público como forma de contribuir para a redução dos problemas fiscais. Tais esforços parecem que surtiram algum efeito: o tamanho do funcionalismo público na região caiu de 5,4% da população total em 1995 para um pouco mais do que 4% em 1999 (Lora: 2007). Alguns desses ganhos, entretanto, podem ter sido mais aparência do que realidade: às vezes, por exemplo, quando o número de servidores públicos do governo central cai, o número de servidores nos governos subnacionais ou empregados contratados aumenta. As poupanças serviram para aumentar salários: a parcela da folha de pagamento do setor público sobre o PIB, na verdade, aumentou entre 1959 e 1999. As médias regionais disfarçam grandes diferenças entre países.

Reformas com o objetivo de aumentar incentivos de melhoria de eficiência e de desempenho dos servidores públicos têm sido frustrantes. O problema do mau desempenho de servidores públicos na maioria dos países da América Latina é um dos mais fortes sintomas da fragilidade da administração pública na região[15].

3.3.3. Estrutura do setor público

Um forte, ainda que desorganizado, processo de reforma, vem ocorrendo na América Latina por meio de mudanças na estrutura do setor público e do desenvolvimento de formas alternativas de prestação de serviços. Esse processo tem sido predominantemente determinado por necessidades de reformas setoriais, ao invésem vez de uma ampla tentativa de reforma administrativa. A diversificação organizacional adquiriu o formato de uma mudança de foco da produção para a regulação; a criação de órgãos da administração indireta, a descentralização de prestação de serviços para governos subnacionais, a terceirização e o envolvimento do cliente na prestação do serviço.

- *Gestão regulatória:* a reforma de estado latino-americana incluiu uma agenda de desregulamentação de mercados, com a intenção de:

  a) apoiar instituições de mercado (especialmente a regulação de instituições financeiras e monopólios naturais, principalmente depois um amplo programa de privatizações executado na região);

  b) envolver agentes privados na provisão de serviços públicos; e

  c) encorajar cidadãos a seguirem ações de melhoria de bem-estar (por meio de reforma previdenciária, por exemplo). Além do mais, sistemas regulatórios podem criar estruturas politicamente resistentes, que são potencialmente menos sujeitas a práticas clientelistas e patrimonialistas (Banco Mundial: 2000). Mesmo que a América Latina tenha apresentado algum avanço em termos de uma agenda de desregulamentação, tal processo não está acabado: tanto os mercados quanto a vida cotidiana da região permanecem altamente regulados.

- *Descentralização intergovernamental:* na América Latina, a descentralização do poder político para níveis subnacionais de governo é uma consequência da dinâmica política e a descentralização de responsabilidades e de receitas fiscais seguiu esse processo.

   O retorno democrático na América Latina, iniciado em meados dos anos 80, ocasionou um massivo processo de descentralização fiscal e administrativa, o que era novo para todos os países da região, com exceção do Brasil e da Argentina. Uma vez que os prefeitos foram eleitos, eles passaram a pressionar por recursos e autoridade. De acordo com um estudo do BID, a parcela de governos subnacionais no gasto público total passou de 13% em 1985 para 19% em 2004 (em comparação com quase 30% nos países da OCDE, de acordo com Blöchliger *et al:* 2006.

   A descentralização progrediu muito, mas isso também gerou problemas, em particular o risco fiscal de excessivos empréstimos subnacionais, alta dependência subnacional de transferências fiscais e uma divisão nebulosa de funções e responsabilidades entre governos central e subnacionais. Tal processo se deu em meio a uma limitada capacidade institucional da maioria dos governos subnacionais. Esse talvez seja o melhor exemplo latino-americano de responsividade a demandas políticas que geraram consequências não-intencionais.

- *Diversificação organizacional:* muitos governos preferiram ignorar e não reformar suas burocracias, criando novos órgãos de administração indireta. Alguns desses órgãos estão dentro da hierarquia formal, mas muitos duplicam órgãos existentes ou são verdadeiros enclaves (Burki *et al:* 1998, pp. 131-4; Fiszbein: 2005; Matsuda: 2003). Isso levou a uma significativa diversificação organizacional e é uma das poucas maneiras pelas quais os países menos desenvolvidos, tais como a Bolívia, encontraram formas de aumentar a capacidade de prestação de alguns serviços públicos. Os novos órgãos da administração indireta desempenham basicamente duas funções públicas alternativas: regulação[16] e prestação de serviços.

3.3.4. Prestação alternativa de serviços

- *Terceirização:* os governos começaram a terceirizar a prestação de serviços nos anos 80. O objetivo foi o de substituir os modelos predominantemente clientelistas, em que a clientela política era empregada para também beneficiar a clientela política. No campo da infraestrutura, essas reformas geraram uma substantiva provisão de serviços por agentes privados, uma melhoria na qualidade dos serviços (mas não necessariamente dos preços) e o crescimento de agências reguladoras.

A terceirização de serviços sociais a empresas privadas, em qualquer escala, tem sido menos frequente, como no caso de concessão da gestão de escolas em Bogotá, Colômbia. É mais comum a terceirização de serviços sociais para organizações não-governamentais, como o caso da terceirização de serviços hospitalares em São Paulo, Brasil.

- *Parcerias Público-Privadas (PPPs)* são praticamente novas na América Latina, tendo se desenvolvido, sobretudo, nesta década. Houve poucas experiências no Brasil, no Chile e no México. O Peru recentemente aprovou uma nova lei de PPP. A avaliação dessas poucas experiências na região parece mais desafiadora do que nos países da OC.

O Chile possui um programa de PPP considerado consistente, usado, sobretudo, para o desenvolvimento de transportes, aeroportos, prisões e irrigação (FMI: 2005). O Brasil aprovou a lei de PPP em 2004, mas atualmente há apenas um projeto em fase de licitação de um total de doze anunciados pelo governo federal. Os projetos de PPPs iniciaram-se em estados brasileiros como São Paulo (metrô e saneamento), Bahia (rede de esgoto) e Minas Gerais (rodovias).

Embora não seja uma solução única e simples para a melhor provisão de serviços públicos em um contexto de escassez de recursos, a PPP é certamente uma forma alternativa de prestação de serviços na região. É especialmente relevante devido às restrições orçamentárias de curto prazo. Na América Latina, riscos fiscais, judiciais e institucionais não podem ser ignorados.

3.3.5. *Reformas do lado da demanda*

As melhorias na prestação de serviços públicos, especialmente serviços sociais, na América Latina, têm sido notáveis, mas feitas à custa de maior gasto de recursos. Uma evidência parcial sugere que a qualidade dos serviços não melhorou muito. Para a próxima geração de reformas, a melhoria da qualidade de serviços públicos precisa ser posta como prioridade.

- *Mecanismos "tipo-mercado" (Cupons):* em educação, mecanismos "tipo-mercado" foram largamente utilizados por meio do uso de cupons. Colômbia e Chile tiveram experiências de destaque nesta área. A Colômbia usou cupons para encorajar quase 2.000 estudantes pobres a se matricularem no nível médio. O Chile adotou um sistema universal de quase-cupons com o propósito de promover competição entre escolas públicas e privadas. Ambas as reformas foram amplamente avaliadas.

- *Uso de participação em planejamento e gestão:* a participação de clientes no planejamento e gestão de serviços públicos pode ter efeitos poderosos. Isso funciona melhor quando os serviços são em pequena escala e problemas de gestão são simples. Escolas geridas pela comunidade em El Salvador (o programa EDUCO) mostram um bom exemplo de como fazer crescer o número de matrículas na área rural e o aumento da presença em sala de aula.

- *O governo aberto* se tornou uma preocupação mais frequente dada a crescente impaciência dos cidadãos da região com a aparente incapacidade dos governos eleitos em responder adequadamente às demandas sociais. Houve, como consequência, agitação e mudança política em alguns países. O ativismo das organizações da sociedade civil trabalhando dentro de um contexto institucional existente também aumentou, a exemplo dos direitos humanos e grupos de monitoramento eleitoral, movimentos de leis de interesse público, leis de liberdade de informação e ouvidorias.

- *O governo eletrônico* pode melhorar o acesso do cidadão aos serviços públicos, acelerar a prestação de serviços e aumentar a transparência. Para que o governo eletrônico funcione, os processos administrativos precisam ser simplificados e automatizados. Isso, por sua vez, pode poupar recursos públicos reduzindo a corrupção, melhorando a eficiência e aumentando as receitas.

Em 2005, de acordo com o índice de governo eletrônico da Organização das Nações Unidas (ONU), a América Latina estava mais avançada do que a maioria das outras regiões compostas por países em desenvolvimento, mas atrás do Sul e do Leste da Ásia e da maioria dos países da OCDE (Divisão para Administração e Gestão e Assuntos de Desenvolvimento: 2005). Entretanto, há grandes diferenças entre os países da região.

3.4. Trajetórias Estilizadas de Reformas

Enfatizando novamente a diversidade de formatos de reformas de gestão pública em diferentes países, bem como o oportunismo e a facilidade de reversão que caracterizam tais reformas, a Tabela 3 resume padrões genéricos de reforma na América Latina.

Tabela 3: Padrões de reforma de gestão pública nos países da América Latina

Área de Reforma	Padrões de Reforma
Controle financeiro: reformas em gestão do gasto público e transparência financeira	
Regras orçamentárias	1. Regras de controle fiscal permitiram que governos mudassem para além do controle de caixa 2. Grandes esforços, mas limitado progresso (com exceção do Chile), em orçamento de desempenho
Compras públicas	1. Os governos têm tentado mudar de sistemas ineficientes que enfatizam controle de corrupção para sistemas mais modernos que enfatizam valor do gasto público, mas com limitado sucesso
Contabilidade	1. Relativo sucesso na integração de sistemas de gestão financeira para dar suporte às reformas em regras orçamentárias (e sair do controle de caixa) 2. Pouco progresso em direção ao regime de competência
Auditoria	1. Instituições de auditoria não têm sido efetivas e não são prioridades de reforma
Controle das pessoas: reformas em gestão de recursos humanos	
Tamanho e composição do funcionalismo	1. Cortes têm contido o tamanho do funcionalismo, mas não os custos. Contratações têm sido feitas de outras formas 2. Tem havido melhorias limitadas no controle dos números do funcionalismo
Compensação e carreira	1. Um regime baseado em mérito tem sido um dos principais objetivos das reformas, mas tem falhado. O Chile e o Brasil são as maiores exceções 2. Alguns poucos países tentaram introduzir medidas de desempenho no serviço público, mas com pouco sucesso 3. Entretanto, a meritocracia – e também por vezes a orientação para desempenho – tem sido estabelecida em "ilhas de excelência" em vários países

Tabela 3 (Continuação)

Área de Reforma	Padrões de Reforma
O controle das organizações: reformas na estrutura do setor público para melhor regulação, melhores serviços e melhores relações intergovernamentais	
Regulação	1. Muitas novas agências reguladoras emergiram no contexto das privatizações e reformas setoriais 2. Pouco foi feito no desenvolvimento de abordagens de regulação centralizadas
Descentralização intragovernamental	1. Houve um forte processo de descentralização, com mais frequência nas áreas de educação e saúde 2. Este processo criou problemas de crise fiscal, articulação entre governos central e local, resistência política e desequilíbrio de receitas
Diversificação organizacional	1. Agências eficazes e relativamente autônomas, voltadas à coleta de impostos e à prestação de serviço foram criadas para contornar a burocracia e a política 2. Porém tais agências podem também prejudicar a coerência administrativa do Estado
Compartilhando riscos e abordagens com o setor privado: empregando métodos alternativos na prestação de serviços	
Terceirização	1. Houve sucesso na contratação de alguns serviços sociais
Parcerias Público-privadas	2. O uso de "parcerias público-privadas" é limitado
Empoderamento de cidadãos: reformas do lado da demanda	
Mecanismos do tipo-mercado	1. Sistemas de cupom e tarifas de usuários expandem as opções de escolha dos beneficiários
Participação crescente dos usuários na gestão e no planejamento	1. Os beneficiários participam na gestão de alguns serviços de saúde e educação 2. Terceirização, sistema de cupom e participação de beneficiários têm resultado em substantivas melhorias na prestação de serviços, mas os casos de sucesso dependem muito das especificidades do país e do projeto
Governo aberto	1. A voz do cidadão é crescentemente expressa por meio de monitoramento, ativismo legal e audiências públicas 2. A legislação referente a acesso à informação pública tem progredido (mas ainda é pouco desenvolvida) 3. As ouvidorias têm agido de forma efetiva na proteção de direitos humanos em alguns países e na defesa de direitos sociais em outros
Governo eletrônico	1. Governo eletrônico torna-se cada vez mais importante

Fonte: Autores.

3.5. Conquistas e Riscos

A experiência latino-americana em reformas de gestão pública é mais bem entendida em um contexto de ampla reforma do Estado. A reforma do Estado foi, e é, um empreendimento político e econômico ambicioso, não exatamente um processo planejado em face aos desafios mais amplos de conquista da estabilidade macroeconômica e reorientação do governo. Pode-se julgá-la como sendo surpreendentemente bem-sucedida (Lora: 2007). A reforma do Estado significou transformar o Estado desenvolvimentista e de bem-estar em estado socioliberal – regulando mais, produzindo menos, levando mais serviços aos mais pobres e competindo globalmente.

O fortalecimento da gestão pública como parte deste processo de reforma tem sido oportunista e largamente motivado pela necessidade de se estabelecer legitimidade para a administração pública. Em muitos casos, isso gerou a tentativa de se criar – ou em alguns poucos casos consolidar – uma administração caracterizada pela imparcialidade, meritocracia e formalidade. Tal marca se distingue dos países da OCDE, onde novas demandas por desempenho e responsividade têm um papel mais importante como razões de reforma.

A experiência da reforma de gestão pública apresenta, naturalmente, diferenças entre os distintos países da América Latina. Há, sem dúvida, diversas razões para isso, incluindo diferentes tradições político-administrativas e a existência – ou não – de federalismo constitucional. Mas o fator mais óbvio na explicação de diferenças baseia-se na desigualdade de pontos de partida, que refletem, de forma geral, diferentes níveis de desenvolvimento institucional, mas não necessariamente econômico. Em muitos países o clientelismo compromete a emergência de burocracias públicas modernas e independentes. A diversidade de experiências nos países da OCDE é também grande, mas provavelmente menor.

3.5.1. Conquistas

A falta de dados quantitativos impede uma avaliação mais exaustiva do progresso das reformas na América Latina. Uma revisão dos esforços reformistas feito há quase uma década julgou que elas formam uma figura, no máximo, "mista" (Burki *et al:* 1998). Revisões mais recentes (Fiszbein: 2005; Matsuda: 2003) não apresentam uma conclusão diferente.

Revisando-se as áreas mais importantes de reforma é possível resumir alguns resultados:

a) controle fiscal, melhoria das regras orçamentárias, investimentos em sistemas de informação;
b) reforma incompleta do serviço civil nacional;
c) formas alternativas de prestação de serviço proveem uma promissora alternativa de reforma do serviço civil;
d) a descentralização se provou um sucesso qualificado;
e) organizações da sociedade civil parecem ter crescente capacidade de ação e de acesso a informação com as quais têm procurado defender direitos humanos e políticos em vez de ofertar melhores serviços públicos;
f) o governo eletrônico poderá começar a aumentar o poder de cidadãos e negócios.

3.5.2. Riscos

Três riscos parecem emergir deste padrão "misto" de reforma no setor público.

Em primeiro lugar, parece haver um problema de "legibilidade" da governança. A segunda geração de reformas do estado teve predominantemente uma agenda setorial, e muitos dos esforços reformistas em gestão pública foram feitos no contexto setorial. O resultado é que a visão geral das reformas de gestão pública é nebulosa para políticos e executores de políticas públicas (Fiszbein: 2005).

Em segundo lugar, há o risco de reforma pela reforma. Uma agenda de reforma fragmentada tem sido enfatizada porque, com altos níveis de desconfiança pública, as reformas de gestão pública foram raramente motivadas por demandas públicas por melhores serviços. Spink, 1999, sugere que, nesta área, o debate tem sido intencionalmente reduzido.

Finalmente, e talvez mais substancialmente, há o risco de uma fraca institucionalização das reformas, levando a um padrão de frequentes reformas e igualmente frequentes reversões. Como foi observado, o progresso das reformas na América Latina tende a ser mais incremental do que amplo e multissetorial (Spink: 1999). A consequência, aqui, pode ser um "movimento browniano" – situação em que muitos pilotos e muitas reformas de pequena escala vêm e vão, mas as fragilidades institucionais mais significativas permanecem intocadas.

4. LIÇÕES E IMPLICAÇÕES

Ao se comparar as reformas descritas nas seções 2 e 3, notam-se similaridades nas trajetórias e nas técnicas de reforma entre os dois grupos de países, mas as diferenças nos contextos políticos impelem reformas particulares. As similaridades fazem com que as experiências de reforma nos países da OCDE sejam altamente relevantes para a América Latina. As diferenças exigem cuidado e seletividade na interpretação daquela experiência.

Para entender melhor a diferença entre trajetórias de reforma e técnicas, por um lado, e contexto de reformas, por outro, é útil distinguir a busca por maior eficiência como permanente – e motivação apolítica de mudança – de contextos políticos específicos que geram mudanças de diferentes extensões em diferentes períodos de tempo e locais.

Ao longo do tempo, o cardápio de tecnologia "burocrática" tornou-se mais avançado e mais variado: maior eficiência adveio de melhores recursos humanos, melhor capital físico (incluindo tecnologia de informação e comunicação), e melhores organização e gestão. Essas são ferramentas neutras que podem ser aplicadas em diferentes formas para responder às preocupações políticas descritas acima. Elas são também, de certa forma, ferramentas que podem ser usadas tanto por países ricos como pobres.

Contextos específicos de reforma, por outro lado, refletem as preocupações específicas em momentos específicos dos políticos e do público em geral, que eles mesmos representam, sobre o que a administração pública deveria ser e como ela deveria se comportar. Nesse sentido, a reforma é a plataforma para ganhar e manter legitimidade de arranjos políticos relacionados à administração pública. A percepção da sociedade muda ao longo do tempo à medida que muda, também, a percepção dos problemas muda. Portanto, o problema percebido nos países – hoje – mais avançados no início do século XIX – corrupção, ineficiência administrativa e falta de continuidade em políticas aplicadas – foi resolvido pela invenção de reformas que promoviam imparcialidade, meritocracia, um serviço público quase independente (Silberman: 1993). No final do século XX, tal problema era percebido como superado e o serviço público passou a ser percebido como não-responsivo – e sua independência veio a ser vista como um obstáculo para a implementação de legítimas prioridades políticas – e de baixo desempenho.

4.1. Trajetórias e Técnicas Compartilhadas

Não se pode negar a diversidade e a especificidade de experiências de reformas ocorridas nos dois grupos de países. Mas ao se comparar as reformas dos países da OCDE e as da América Latina seguindo as cinco áreas técnicas, encontra-se que para cada área há uma trajetória dominante, na qual ambos os grupos se encaixam. Países da OCDE são tipicamente, mas não em todo caso, bem mais avançados na trajetória do que os da América Latina. Essencialmente, a experiência dos países da OCDE define a trajetória descrevendo sucessivas técnicas de gestão em busca de sempre maior eficiência.

A lógica das trajetórias para a administração de recursos financeiros e humanos e de organizações parece refletir uma mudança de formas graduais de controle e coordenação. Quanto mais complexas as formas, mais informações são necessárias e mais sofisticadas técnicas hierárquicas são usadas (planejamento mais avançado) ou instrumentos contratual-discricionários que são alternativas para comandos hierárquicos.

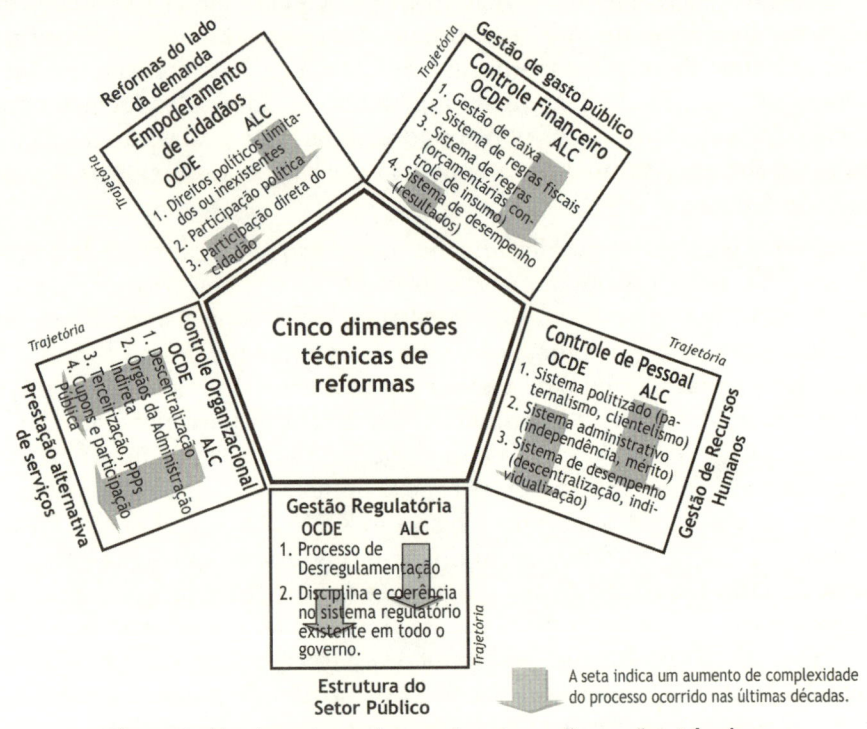

Figura 3: Movimento ao longo das cinco dimensões técnicas de reformas nas últimas duas décadas

Em muitos casos, os países da OCDE estão "à frente" dos da América Latina, como poderia se esperar. As principais trajetórias podem ser resumidas como (Figura 3):

- *Controle financeiro.* Muitos países da OCDE adotaram orçamentos de desempenho. Os países da América Latina, em sua maioria, abandonaram o orçamento de caixa adotando o sistema baseado em regras para o controle fiscal agregado, mas eles ainda enfrentam dificuldades em fazer operar orçamentos baseados em insumos.
- *Controle de pessoal.* Os países da OCDE estão envolvidos em mudanças significativas dos arranjos institucionais relativos aos servidores civis. Parcialmente por meio da descentralização administrativa e da gestão individualizada, os serviços civis estão se tornando mais integrados e próximos das regras do mercado de trabalho privado. Quase nenhum dos países da América Latina se aproximou desta agenda "modernizante". Em vez disso, a maioria deles ainda está tentando estabelecer um serviço civil imparcial e meritocrático, uma agenda que os países da OCDE atingiram há algum tempo. A diversificação organizacional irá oferecer alternativas para a América Latina.
- *Gestão regulatória.* A atual agenda da OCDE é tomada pela necessidade de disciplinar e dar coesão ao corpo regulatório presente em diversas áreas do governo. A agenda da América Latina é a de completar o processo de desregulamentação e adquirir as habilidades necessárias para o novo papel regulador, como resultado da crescente provisão de serviços por agentes privados.
- *Controle organizacional e prestação de serviços alternativos.* Os países da América Latina e da OCDE estão altamente engajados em encontrar alternativas organizacionais mais flexíveis e baseadas em desempenho para as tradicionais hierarquias ministeriais. Ao contrário das trajetórias mais lineares indicadas para o controle de recursos financeiros e humanos, a trajetória dos formatos organizacionais e de comando caracteriza-se por abandonar um conjunto mais homogêneo para um mais heterogêneo. A melhoria do desempenho está sendo buscada por meio de um setor público reestruturado (descentralização e órgãos da administração indireta) e por formas alternativas de prestação de serviços envolvendo agentes privados. Os países da OCDE estão fazendo isso para que os governos se tornem mais eficientes e responsivos. Entretanto, muitos países da América Latina o fazem pela disfuncionalidade de suas estruturas administrativas hierárquicas. De fato, na prestação de

serviços alternativos, a América Latina está aparentemente à frente dos países da OCDE. A diversificação de formatos organizacionais dá trabalho e ainda não está claro se tal diversificação pode remediar as disfuncionalidades.

- *Empoderamento de cidadãos.* Ambos os grupos de países estão empreendendo esforços para dar aos cidadãos maiores poderes diretos sobre os serviços que eles recebem. No caso da OCDE, isso parece se encaixar numa progressão natural dos direitos democráticos, enquanto para os países da América Latina este movimento é parcialmente um substitutivo para direitos políticos (imperfeitos).

Até agora, países reformadores seguiram, de maneira geral, cada estágio da sequência de reforma: por exemplo, eles não "pularam" do controle fiscal agregado para o orçamento por desempenho, mas estão primeiramente aprimorando seus orçamentos baseados em insumos. Isso indica que reforma é um processo de aprendizado cumulativo. Contudo, sequências historicamente observadas não constituem uma regra imutável. Tanto a diversificação organizacional quanto o governo eletrônico, por exemplo, fornecem alguma promessa de que os países podem se desenvolver mais rápido do que no passado. A diversificação organizacional poderia também modificar a necessidade de criar grandes hierarquias de servidores públicos.

Em resumo, não há um sistema operacional diferente entre os países da América Latina e os da OCDE. A existência de trajetórias dominantes sugere que:

a) as técnicas de gestão pública beneficiam-se de técnicas comuns a ambos;

b) à medida que os países avançam em eficiência, eles se movem lentamente ao longo dessa trajetória, em vez de "pular" das técnicas mais simples para as mais sofisticadas.

Portanto, as similaridades estão no conjunto de técnicas comuns e na trajetória. Isso torna a experiência das reformas nos países da OCDE relevante para a América Latina. Há, portanto, muito a se ganhar com o compartilhamento de experiências técnicas no que diz respeito a essas cinco áreas.

4.2. Diferentes Imperativos de Reforma

Buscou-se aqui localizar o recente histórico das reformas de gestão pública, em dois grupos de países, dentro de um contexto de imperativos políticos que motivam as reformas – especialmente a busca de legitimidade e confiança. Para muitos dos atuais países da OCDE, a moderna administração pública nasceu no século XIX como resultado de preocupações políticas acerca da imparcialidade e da meritocracia no serviço público. Mas, nas mais recentes décadas, tem havido uma forte concentração em duas novas áreas de preocupação. Desde os anos 70, muitos governos de países da OCDE vieram a se preocupar com a responsividade da máquina administrativa, e sua capacidade em responder prontamente a representantes eleitos e prioridades políticas. Desde os anos 90, todos os governos da OCDE passaram a se preocupar com o desempenho da máquina pública. Essa ligação estreita entre responsividade e desempenho tem como objetivo:

a) fazer com que as promessas dos políticos e as responsabilidades dos servidores públicos sejam mais transparentes;

b) fortalecer a transparência dessas promessas; e

c) melhorar o planejamento.

Em outras palavras, o objetivo é fazer com que a máquina funcione adequadamente e assim seja vista.

Imparcialidade e meritocracia no serviço público parecem ter sido uma preocupação permanente. Dito de outra maneira, não está claro que tenha havido uma sequência predeterminada na mudança de preocupações políticas. Preocupações mais antigas não foram abandonadas quando as novas emergiram. O que está claro é que as novas preocupações podem estar em conflito com as antigas – ganhando legitimidade e confiança em uma área, enquanto sacrificam a outra. Notadamente, tentativas de melhorar a responsividade e o desempenho podem colocar a meritocracia e a imparcialidade em risco. Por exemplo, métodos contratuais na gestão de servidores civis têm sido percebidos como prejudiciais a sistemas éticos de arranjos hierárquicos tradicionais. Portanto, um equilíbrio entre diferentes preocupações precisa ser atingido, e tal equilíbrio precisa ajustar-se ao longo do tempo, na medida em que a importância dada a diferentes preocupações também muda.

A preocupação com o desempenho tornou-se um motivador dominante de reforma entre os países avançados nos últimos vinte anos, em grande parte porque o tamanho do governo levou a uma crise de capacidade gerencial. Tal crise consistiu em dificuldades de coordenação efetiva de uma grande máquina e em problemas associados à pressão fiscal e à queda de confiança do público.

Implantar um regime administrativo que prime por imparcialidade e meritocracia permanece um imperativo dominante na América Latina. Grandes esforços possibilitaram a criação de serviços públicos nacionais (e subnacionais) baseados em mérito e regras, mas o processo tem sido interrompido e desapontador. De maneira geral, a maioria dos países latino-americanos está situada onde os atuais países da OCDE estavam no meio do século XIX – no começo ou no meio da revolução de consolidar um serviço público imparcial e meritocrático. Todavia, esse paralelo não deve ser exagerado. Primeiro, porque os atuais governos latino-americanos estão tentando responder demandas políticas por serviços com escopo mais amplo do que os países avançados o fizeram no final do século XIX. Em segundo, porque o cardápio de tecnologia gerencial é muito maior. Por outro lado, a OCDE provê os países da América Latina (e o resto do mundo em desenvolvimento) com modelos bem especificados de modernização administrativa.

A preocupação com desempenho – associando-se resultados a insumos – tem também circulado na região. Ainda assim, a despeito de algumas importantes exceções, os sistemas orientados pelo desempenho não foram feitos para funcionar de modo muito efetivo. Aparentemente, diversos governos da América Latina esperavam, em princípio, que sistemas orientados ao desempenho fossem capazes de modernizar sistemas administrativos como uma forma alternativa de promover imparcialidade e meritocracia. Tal esperança não se tem tornado realidade: bem como os países da OCDE, isso evidencia que reformas de desempenho precisam ser construídas sobre os alicerces de reformas promotoras de um serviço público imparcial e meritocrático. Parece também que o interesse regional em reformas orientadas ao desempenho é predominantemente retórico – e um reflexo do efetivo trabalho que diversos países da OCDE têm feito na venda de reformas gerenciais a países em desenvolvimento.

Com algumas poucas exceções, a responsividade de administrações públicas a prioridades políticas não tem sido uma preocupação na América Latina no mesmo sentido que tem sido na OCDE. Nas jurisdições latino-americanas, onde reformas em direção à imparcialidade e à meritocracia tiveram um progresso modesto, servidores públicos não se tornaram fortes e independentes o suficiente para resistir à direção política. De fato, eles são, frequentemente, veículos de patrimonialismo e clientelismo, podendo ser altamente responsivos quando ocupam altos escalões do governo com indicados políticos.

A equidade, que permaneceu ignorada por um bom tempo, tem se tornado uma preocupação premente. Entretanto, isso se dá mais no sentido dos cidadãos terem acesso razoável a serviços do que os servidores públicos refletirem sobre o perfil da sociedade como um todo. Mesmo assim, alguns países na região – desencantados com a reforma de estado "neoliberal" e, em alguns casos, com populações indígenas expressivas, porém historicamente ignoradas – estão, atualmente, colocando uma grande ênfase em se ter a composição do serviço público espelhando a realidade social e étnica do país.

Por fim, enquanto o desafio dos países da OCDE é melhorar o desempenho e a responsividade, sem prejudicar as antigas fundações de legitimidade e confiança, o desafio latino-americano é consideravelmente mais complexo. Aqui, a tarefa é recriar uma forma de responsividade que não seja dependente do patrimonialismo, e criar igualdade de acesso a empregos no serviço público e serviços para grupos há muito tempo marginalizados. Portanto, em comparação a seus colegas da OCDE, reformadores da América Latina enfrentam duas dificuldades particulares na reforma do Estado:

a) Garantir aos políticos que, ao perderem a já usada e testada base de responsividade, eles irão ganhar alguma coisa igualmente efetiva no lugar.

b) Gerenciar programas de reforma que são operados em frentes mais políticas do que as recentes reformas na OCDE

Embora seja útil fazer generalizações sobre a América Latina também é importante considerar a variedade da situação e da experiência dos países. No final do espectro, há jurisdições que parecem capazes de atingir imparcialidade e meritocracia apenas em pequenas "ilhas" do serviço público. Por outro lado, há jurisdições que começaram a fazer progressos em reformas orientadas ao desempenho. Os contextos de reforma entre os dois grupos de países são, portanto, diferentes. Isso faz com que a experiência de reforma nos países da OCDE precise ser interpretada com cuidado e seletividade pelos países da América Latina.

Tradutor: Humberto Laudares

Revisora Técnica: Evelyn Levy

NOTAS

1 Este artigo é um resumo de um livro que será publicado em breve e da apresentação feita no XIII Congresso Internacional do CLAD sobre Reforma de Estado e Administração Pública, em outubro de 2008. Uma visão anterior foi apresentada em conferência do CONSAD em Brasília (2008).

As opiniões expressas e argumentos empregados no artigo são de responsabilidade somente dos autores.

Os autores são gratos a Mark Payne, Ana Bellver, Jose Eduardo Gutierrez Ossio, Evelyn Levy, Maria Redini, David F. Varela, Francesco Totaro, Tomas Anker, Bob Bonwitt, Gord Evans, Melanie Fassbender, Josef Konvitz e Douglas Sutherland.

2 Governo geral é composto, basicamente, pelo governo central e governos subnacionais.

3 A expressão exata em inglês é *arms-lenght agencies*. A tradução literal desta expressão seria "organizações à distância de um braço", pois tais organizações pertencem ao corpo do estado, sendo vinculadas – não subordinadas – à administração direta. Elas possuem certa autonomia e maior flexibilidade operacional. Não havendo uma tradução exata para o português, optou-se por usar somente "órgãos da administração indireta", pois é o formato administrativo que geralmente possuem.

4 O termo "transparência" será usado como tradução para "accountability", que possui um sentido de prestação de contas também.

5 Há três objetivos principais em gestão de gasto público: disciplina fiscal agregada, eficiência alocativa e eficiência operacional. Responsividade e desempenho podem ser vistos como aumentando a ênfase nos últimos dois objetivos.

6 Entende-se por *value-for-money* a obtenção do maior valor público pelos recursos gastos.

7 Alguns exemplos famosos são: UK Next Steps Agencies, Zelfstandige Bestuursorganen (ZBOs – Corpos Independentes do Governo) na Holanda e o Bundesbehörden (Autoridade Federal) na Alemanha.

8 Nota do Tradutor: em inglês *gaming*, uma ação não propriamente ilegal, mas que tem intenção de "maquiar" resultados e/ou enganar os avaliadores.

9 Se os agentes conhecem as medidas que estão sendo usadas para avaliar seu desempenho, eles são motivados a mudar sua conduta com o objetivo de adaptar a medida, não importando o impacto no resultado da política pública.

10 O dado do gasto do governo geral (governo central e governos subnacionais) é de uma amostra de 69 observações de diversos anos (devido a disponibilidade) do banco de dados do Fundo Monetário Internacional (GFS, 2008). O valor do total do setor público não-financeiro/PIB é calculado pela CEPAL e refere-se ao ano de 2006 (2008). Nota-se que para ambos os casos, o Brasil não está incluído na amostra devido à disponibilidade de dados.

11 Sistemas presidenciais possuem mais "veto players" do que sistemas parlamentaristas, requerendo um maior nível de concordância entre os atores para que se promovam mudanças (Tsebelis, 2007).

12 Isso é corroborado com a evidência de que na América Latina se associam processos de reforma com crises econômicas (nos anos 1990 no mínimo) (Panizza: 2006).

13 Ferreira e Gignoux (2008) identificaram que a desigualdade de oportunidades é responsável por uma parcela substancial da desigualdade econômica observada na América Latina. Eles também verificaram empiricamente que o perfil de pessoas desprovidas de oportunidades tem localização geográfica, sexo, idade, similaridades familiares e nível de escolaridade definidos.

14 O Brasil é uma exceção na região. Em 2004, a receita com impostos do Governo Brasileiro era 36% do PIB, enquanto a dos países da OCDE era também 36% e a média dos outros da América Latina era 18%.

15 Há dois diagnósticos contrastantes sobre a burocracia governamental na região (Matsuda: 2003; World Bank: 1997): burocracia excessiva e engessada (excesso de formalismo) e muito pouca burocracia (informalidade). São visões, entretanto, não mutuamente excludentes.

16 No Brasil, as agências reguladoras foram criadas, mais especificamente, como autarquias em regime especial.

REFERÊNCIAS BIBLIOGRÁFICAS

ACEMOGLU, D.; TICCHI, D. e VINDIGNI, A. (2006). Emergence and persistence of inefficient states. Working paper 12748. NBER.

BANCO MUNDIAL (1997). "Colombia: Paving the Way for a Results-Oriented Public Sector". World Bank. Washington DC.

_____ (2000). "From Patronage to a Professional State: Bolivia Institutional and Governance Review". World Bank. Washington DC.

_____ (2005). World Development Report 2006: Equity and Development. Oxford University Press.

_____ (2008). Performance-Informed Budgeting in Latin America: Experience and Opportunities. World Bank. Washington DC.

BEBLAVY, M. (2002). "Understanding the Waves of Agencification and the Governance Problems They Have Raised in Central and Eastern Europe". OECD Journal on Budgeting. 2 (1). 121-39.

BEVAN, Gwyn e HOOD, Christopher (2005). What's Measured Is What Matters: Targets and Gaming in the English Public Health Care System. The Public Services Programme. London: Economic and Social Research Council.

BLÖCHLIGER, Hansjörg e KING, David (2006). "Fiscal Autonomy of Sub-Central Governments" (http://www.oecd.org/dataoecd/52/63/37388375.pdf). OECD. Paris.

BLÖNDAL, Jón R. (2005). "International Experience Using Outsourcing, Public Private Partnerships, and Cupoms". (http://www.businessofgovernment.org.pdfs BlondalReport.pdf). IBM Center for the Business of Government. Washington.

BROOKINGS INSTITUTION (2008). Improving the Quality of Public Spending in Latin American and Carribean Countries: Lessons from the World Bank's Country Financial Accountability Assessments, – Transparency and Accountability Project, World Bank – Latin America and the Caribbean Region.

BURKI, Shahid Javed e PERRY, Guillermo E. (1998). Beyond the Washington Consensus: Institutions Matter. World Bank Latin American and Caribbean Studies. Washington DC: World Bank.

CHRISTENSEN, Jørgen Grønnegaard e YESILKAGIT, Kutsal (2006). "Political Responsiveness and Credibility in Regulatory Administration" (http://www.-publicmanagement-cobra.org/pub/paper/Bureaucratic%20credibility.pdf). Department of Political Science, University of Aarhus and Utrecht School of Governance, University of Utrecht.

CHRISTENSEN, Tom e LAEGREID, Per (eds) (2006). Autonomy and Regulation: Coping with Agencies in the Modern State. Cheltenham: Edward Elgar.

CLEMENTS, Benedict; Faircloth, Christopher e VERHOEVEN, Marijn (2007). Public Expenditure in Latin America: Trends and Key Policy Issues, International Monetary Fund Working Paper WP/07/21

DIVISION FOR PUBLIC ADMINISTRATION AND DEVELOPMENT MANAGEMENT, Department of Economic and and Social Affairs (2005) Un Global E-Government Readiness Report 2005: From E-Government to E-Inclusion. New York: United Nations.

DUNN, Delmer D. (1997). Politics and Administration at the Top – Lessons from Down Under. Pittsburgh: University of Pittsburgh Press.

ECHEBARRÍA, Koldo e CORTÁZAR, Juan Carlos (2007) "Public Administration and Public Employment Reform in Latin America". In E. Lora (ed.) The State of State Reform in Latin America. Washington DC: Inter American Development Bank and Stanford University Press.

FILC, Gabriel e Carlos Scartascin (2007). "Budgetary Institutions". In E. Lora (ed.) The State of State Reform in Latin America. Washington DC: Inter American Development Bank and Stanford University Press.

FISZBEIN, Ariel (2005). "Citizens, Politicians and Providers: The Latin American Experience with Service Delivery Reform". World Bank. Washington DC.

GEDDES, B. (1991). A Game Theoretic Model of Reform in Latin American Democracies. A Game Theoretic Model of Reform in Latin American Democracies. The American Political Science Review, Vol. 85, nº 2, pp. 371-392.

JAMES, Oliver (2003). The Executive Agency Revolution in Whitehall – Public Interest Versus Bureau-Shaping Perspectives. New York: Palgrave Macmillan.

JAMES, Simon (2007). "Political Advisors and Civil Servants in European Countries (SIGMA Paper nº 38)". Paris: OECD SIGMA.

LIGHT, Paul (1995). Thickening Government – Federal Hierarchy and the Diffusion of Accountability. Washington DC: Brookings Institution.

_____ (2006). "The Tides of Reform Revisited: Patterns in Making Government Work, 1945-2002". Public Administration Review. 66 (1). 6-19.

LORA, Eduardo (2007), The State of State Reform in Latin America. Washington DC: Inter American Development Bank and Stanford University Press.

MATHESON, Alex; WEBER, Boris; MANNING, Nick e ARNOULD, Emmanuelle (2007). "Managing the Political/Administrative Boundary", in OECD Governance Working Paper. Paris: OECD.

MATSUDA, Yasuhiko (2003). "Public Sector Reforms in Latin America and the Caribbean and Their Impacts on Service Delivery". World Bank. Washington DC.

PETERS, B. Guy (1996). The Future of Governing: Four Emerging Models. Lawrence: University of Kansas Press.

OCDE (1996). Responsive Government. Paris: OECD.

_____ (2005). Performance-Related Pay Policies for Government Employees. Paris: OECD.

_____ (2005a). E-Government for Better Government. Paris: OECD.

_____ (2005b). Modernising Government: The Way Forward. Paris: OECD.

_____ (2005c). Performance-Related Pay Policies for Government Employees. Paris: OCDE (2007), Going for Growth: Structural Policy Indicators and Priorities in OECD Countries. Paris: OECD.

_____ (2008). (forthcoming). Measuring Government Activity. Paris: OECD.

PANIZZA, Ugo G. (1999). Why Do Lazy People Make More Money? The Strange Case of the Public Sector Wage Premium. Research Department Working Paper nº 403. Inter-American Development Bank, Washington, DC.

PETERS, B. Guy and Jon Pierre (2004). Politicization of the Civil Service in Comparative Perspective – the Quest for Control. London: Routledge.

POLLITT, C.; GIRRE, X.; LONSDALE, J.; MUL, R.; SUMMA, H e WAERNESS, M. (1999). Performance or Compliance? Performance Audit and Public Management in Five Countries. Oxford: Clarendon Press.

POLLITT, Christopher e BOUCKAERT, Geert (2004). Public Management Reform: A Comparative Analysis. Oxford, UK: Oxford University Press.

ROSE, Richard (1976). The Problem of Party Government. London: Palgrave Macmillan.

SANTISO, Carlos (2006). "Improving Fiscal Governance and Curbing Corruption: How Relevant Are Autonomous Audit Agencies?" (http://www.ipmr.net). International Public Management Review. 7 (2).

SANTISO, Javier. 2007. "Fiscal and Democratic Legitimacy in Latin America". OECD Development Centre. Paris.

SCHICK, Allen (2005). "The Performing State: Reflection on an Idea Whose Time Has Come but Whose Implementation Has Not". Paper Prepared for the 2005 OECD Senior Budget Officials Meeting in Bangkok, Thailand, 15-16 December 2005.

SILBERMAN, (1993). Cages of Reason: the Rise of the Rational State in France, Japan, the United States, and Great Britain, Chicago: University of Chicago Press.

SPINK, Peter (1999). "Possibilities and Political Imperatives: Seventy Years of Administrative Reform in Latin America". In C. B. Pereira e P. Spink (eds.) Reforming the State: Managerial Public Administration in Latin America. Boulder: Lynne Rienner Publishers.

STASAVAGE, David (2006). "Does Transparency Make a Difference? The Example of European Council of Ministers". In C. Hood and D. Heald (eds.) Transparency: The Key to Better Governance? Oxford: OUP.

TANZI, Vito (2008). The Role of the State and Public Finance in the Next Generation, Paper presented at the 20º Seminario Regional de Política Fiscal, ECLAC, Santiago de Chile, 28-31 de Enero de 2008.

Tendências da Reforma do Estado

Pedro Farias

A oportunidade de participação no I Congresso CONSAD de Gestão Pública tem um significado especial para o BID. O banco se orgulha de sua tradição no apoio aos governos subnacionais do Brasil em seus processos de modernização institucional. Na década passada, o BID apoiou o fortalecimento das áreas fazendárias dos Estados, por meio do Programa Nacional de Apoio à Administração Fiscal dos Estados – PNAFE. Mais recentemente, o Programa Nacional de Apoio à Modernização da Gestão e do Planejamento dos Estados e do Distrito Federal – PNAGE e o Programa de Modernização dos Tribunais de Contas dos Estados e do Distrito Federal – PROMOEX fortaleceram a presença do Banco no apoio aos Governos Estaduais.

Com base na experiência acumulada do BID no apoio a programas de reforma do Estado na América Latina e Caribe e no conhecimento da realidade da gestão pública brasileira, me proponho a apresentar uma breve análise da evolução, estágio atual e perspectivas das reformas em nosso país.

1. Evolução da Agenda da Reforma

Nas últimas duas décadas do século XX, muitos países implementaram reformas no perfil de atuação do Estado e na sua forma de administrar os recursos públicos. Os vetores de mudança dessas reformas apresentam elementos comuns e também particularidades em cada caso. Nos anos 80, o processo de globalização da economia mundial passou a evidenciar perdas de competitividade em países desenvolvidos, gerando questionamentos sobre elevadas cargas tributárias que financiavam serviços públicos deficientes. Já na América Latina, as mudanças vieram, sobretudo, na década de 90, impulsionadas por crises fiscais e processos de redemocratização que demandaram novas formas de relação entre os governos e a sociedade civil.

O Brasil não fugiu a esse movimento internacional, ainda que as reformas tenham apresentado uma dinâmica própria. A partir do final dos anos 80, a inflação crônica, a recessão e o desequilíbrio fiscal evidenciaram a falência do modelo de desenvolvimento vigente por décadas, no qual o Estado Brasileiro havia sido o principal motor do crescimento econômico.

Em uma primeira fase, iniciada ao final dos anos 80 e fortalecida nos anos 90, os principais vetores da reforma foram a abertura econômica, a retirada do Estado de setores produtivos, o ajuste das contas públicas, a busca de maior eficiência e a crise de confiança no Estado. Já no século XXI, a consolidação do ajuste fiscal em nível federal abriu espaço para novas prioridades, como o aumento da competitividade nacional e o atendimento às crescentes demandas sociais.

No nível dos governos estaduais, apesar da ênfase nos rigorosos processos de ajuste fiscal empreendidos, o tema da modernização da gestão pública tardou a ocupar um lugar relevante na agenda política. No entanto, ainda que a heterogeneidade que caracteriza o país não permita fazer generalizações, já é perceptível uma valorização crescente do tema pelos governantes. O ritmo do surgimento de experiências inovadoras de gestão em estados e municípios brasilerios mostra que os governos subnacionais abandonaram as posições de coadjuvantes da reforma do Estado e passaram a ocupar o papel de protagonistas nesse processo. Sob muitos aspectos, o quadro nacional de hoje lembra o momento vivenciado pelos Estados Unidos no início dos anos 90, quando um conjunto de experiências inovadoras de gestão local inspirou e influenciou uma nova geração de mudanças na esfera federal.

2. BRASIL: O ESTÁGIO ATUAL

Como resultado das iniciativas mencionadas, em nível federal e subnacional, avanços importantes foram obtidos. Alguns exemplos são a construção de um marco institucional de responsabilidade fiscal no país, a incorporação de novas tecnologias para a gestão interna e à prestação de serviços, a adoção de novos formatos organizacionais, a profissionalização e qualificação do serviço público e a articulação entre instrumentos de planejamento, orçamento e gestão.

Apesar dos avanços alcançados, em muitos casos, os resultados das reformas do setor público do Brasil ainda são marcados pela diversidade e pela carência de consolidação institucional, o que condiciona a sustentabilidade de conquistas obtidas à permanente renovação de apoio político às suas ideias-força. Além disso, o país ainda passa por um período de transição, no qual existe um conflito de agendas entre os que defendem a consolidação de um tradicional modelo burocrático de gestão, baseado na impessoalidade e na formalização de procedimentos, e os que propõem a modernização a partir de um modelo pós-burocrático, mais flexível e centrado em resultados.

Adicionalmente, ainda persiste uma forte cultura institucional que se afirmou durante quase duas décadas de crise e ajuste fiscal, quando o controle dos gastos públicos levado a cabo pela tecnoburocracia se confundiu com a defesa do interesse público, fortalecendo práticas de gestão que promoveram uma hipertrofia dos instrumentos de controle em relação aos de planejamento e execução do gasto público. Nesse debate, não se deve negligenciar a importância da responsabilidade fiscal, cuja consciência foi construída a partir de um difícil processo de amadurecimento da sociedade e das instituições nacionais. Ao contrário, o crescimento econômico e a saúde fiscal do país devem reforçar a percepção de que uma boa gestão fiscal é pré-condição para o sucesso das políticas setoriais. A atual situação fiscal naturalmente abre espaço para que outros temas se imponham na agenda pública, tais como: qualidade e tempestividade do gasto, fortalecimento das instituições, segurança jurídica, qualidade da regulação e ambiente de negócios.

O conflito de agendas também reflete a heterogeneidade do atual estágio de desenvolvimento da administração pública no Brasil. Dentro do próprio Governo Federal, organizações com práticas modernas e servidores altamente qualificados convivem com setores com graves carências de recursos humanos e gerenciais de qualidade. Em todo o país, é perceptível a assimetria de capacidade institucional entre as áreas de governo responsáveis pela gestão fiscal, defesa judicial e controle e os órgãos e entidades responsáveis pela formulação e implementação de políticas setoriais. As consequências das crônicas carências existentes se expressam nas dificuldades que essas unidades setoriais demonstram quando chamadas a elaborar e implementar projetos frente à disponibilidade de recursos gerada pela nova situação fiscal do país. No nível subnacional, as desigualdades são ainda mais pronunciadas, comprometendo a qualidade de serviços em áreas cruciais como saúde, educação e segurança pública.

Além dos problemas clássicos relacionados à modernização de estruturas burocráticas tradicionais, o Estado Brasileiro enfrenta hoje uma segunda geração de problemas, em parte derivados dos próprios avanços obtidos em algumas áreas, tais como a "corporativização" da estrutura de carreiras do serviço público, a profusão de sistemas de informação que não apoiam de maneira integrada os processos decisórios e a ausência de instrumentos que garantam a qualidade do gasto.

3. PARA ONDE VÃO AS REFORMAS?

A consolidação do ajuste fiscal em nível nacional e a conquista do grau de investimento pelo país abriram novas perspectivas para o setor público brasileiro. Nesse contexto, a partir das novas prioridades da agenda nacional, é possível identificar algumas áreas nas quais devem se concentrar as reformas nos próximos anos, como a modernização da infraestrutura, a ampliação das políticas sociais e a melhoria do ambiente de negócios. O tratamento desses temas deverá demandar ações em algumas áreas da gestão pública a seguir identificadas. A seleção das áreas tomou como base a sua relevância, alcance e aplicabilidade tanto em nível federal como no subnacional. Ao desenhar e implementar suas iniciativas nessas áreas, o país poderá beneficiar-se do conhecimento das boas práticas internacionais, algumas das quais são a seguir mencionadas.

a) Gestão do Capital Humano

Desde o final da década de 90, o Governo Federal tem investido na atração e formação de quadros qualificados, com ênfase na estruturação de carreiras típicas de Estado. Contudo, as restrições fiscais dos governos subnacionais não permitiram aos estados e municípios acompanhar esse movimento. Mais recentemente, alguns estados vêm incrementando seus investimentos no desenvolvimento de capital humano, recompondo seus quadros, criando carreiras de gestores governamentais e extensivos programas de capacitação. Como consequência, verifica-se um significativo crescimento de gastos com pessoal nos últimos anos.

O incremento das despesas evidenciou a ausência de parâmetros para o planejamento da força de trabalho no setor público, incluindo as definições de perfis profissionais, o dimensionamento de quadros e os patamares de remuneração. Além disso, em muitos setores, os quadros de servidores estão envelhecidos e os sistemas de cargos em comissão ainda permitem a politização da gestão. Os poucos instrumentos que apoiam a avaliação do desempenho e a valorização do mérito ainda não estão suficientemente consolidados. Por sua vez, o modelo de gestão centralizada e a rigidez do marco legal para administração de pessoal geram restrições para o tratamento dos problemas identificados.

A implantação de um modelo de gestão de competências e a definição de critérios para avaliação do desempenho são questões cruciais a serem desenvolvidas nos próximos anos. Além disso, devem ser desenvolvidas metodologias para orientar o planejamento da força de trabalho, considerando parâmetros fiscais, projeções de demanda e recursos tecnológicos disponíveis em médio e longo prazos. O planejamento deve enfatizar a busca de melhorias na prestação de serviços, a partir de uma visão estratégica do papel e da forma de atuação do Governo em cada setor.

A profissionalização da gestão pública pode beneficiar-se de experiências como a do Sistema de Alta Administração do Governo do Chile, cujo projeto vem sendo apoiado pelo BID. Nesse esforço é mais importante valorizar os requisitos profissionais demandados para o exercício das funções públicas do que a vinculação do profissional a carreiras específicas, que pode incrementar o risco de "corporativização" da gestão.

Os Estados Unidos têm investido na elaboração de *Workforce Plans* em suas agências para orientar ações de recrutamento, capacitação e valorização dentro de uma perspectiva em médio e em longo prazos. Também devem ser analisadas as experiências de mais de dois terços dos países da OCDE que implantaram mecanismos de remuneração associados ao desempenho. A tendência desses sistemas é no sentido da descentralização e da aplicação da avaliação a equipes de trabalho.

b) Gestão da Qualidade do Gasto e Modernização dos Sistemas de Gestão

O desenvolvimento dos sistemas de gestão interna do setor público com base em diversos sistemas de informação não convergentes entre si dificulta a estruturação dos processos decisórios. Por consequência, além da modernização tecnológica de sistemas que apresentam graus diferenciados de obsolescência, a integração dos sistemas que apoiam o ciclo de gestão do gasto público, desde o planejamento até a avaliação e o controle, constitui pré-condição para uma gestão mais eficaz, onde as decisões sejam tomadas com base em informações confiáveis e tempestivas. A efetivação dessa integração e a implantação de uma contabilidade pública gerencial poderão criar condições para o desenvolvimento da administração de custos no setor público.

Além dos aspectos tecnológicos, temas como a inadequação dos marcos conceitual e normativo que regulam o ciclo orçamentário-financeiro e carências institucionais crônicas contribuem para o comprometimento da qualidade do gasto público. A fragmentação do processo de elaboração e aprovação orçamentária estimula a descontinuidade de programas e de projetos de investimento plurianuais. Além disso, durante o longo período de ajuste fiscal, não só a capacidade financeira de realizar investimentos ficou comprometida, mas também a capacidade institucional de identificar, desenhar, analisar e avaliar projetos de investimentos.

Para que essas carências não representem um gargalo institucional na retomada do desenvolvimento nacional é urgente que se fortaleçam esses processos, incluindo: a revisão do marco legal que regula a elaboração dos planos e orçamentos públicos, de modo a permitir, entre outras medidas, a previsão de dotações plurianuais, a introdução de metodologias de orçamentação por resultados, análise econômica de projetos de investimentos, avaliação de programas e a consequente retroalimentação do ciclo para melhorar a qualidade das decisões.

Também as regras de execução orçamentária, compras, contratações e controle desestimulam e reduzem a autonomia dos responsáveis pela execução do gasto público, inibindo a inovação e a atração de bons profissionais para as atividades de implementação de programas. A adoção de instrumentos de pactuação de resultados com gerentes públicos em contrapartida à concessão de maior autonomia ainda enfrenta problemas pela incompatibilidade com o marco normativo e a cultura administrativa que orienta as atividades de controle. O estímulo à transparência e ao controle social pode cumprir um papel importante na construção de um novo modelo de gestão que promova a valorização dos resultados em um marco legal que estimule a inovação e equilibre discricionaridade, moralidade e impessoalidade.

Nesse sentido, iniciativas no México e na Colômbia voltadas para a transparência e o combate à corrupção com o envolvimento da sociedade civil podem ser boas referências. Já a contratualização e a orçamentação por resultados registram boas práticas no Chile, Reino Unido, Estados Unidos e Nova Zelândia. Também os marcos institucionais construídos para resguardar a qualidade dos investimentos públicos no Peru e Chile propiciam bons insumos para os países da região.

No tocante à modernização tecnológica e integração dos sistemas de gestão interna, a Alemanha e os Estados Unidos, entre outros países avançados, apresentam bons exemplos do uso de arquiteturas que dão suporte à interoperabilidade, facilitando o intercâmbio de informações.

c) Melhoria na Prestação de Serviços Públicos

A prestação de serviços consome a maior parte dos recursos públicos nos três níveis de governo, com destaque para as áreas de saúde, educação, previdência social e segurança pública. Em geral, a qualidade dos serviços ofertados é baixa, apesar de importantes experiências em nível subnacional com a implantação de infraestruturas físicas unificadas de serviços de atenção aos cidadãos, além da ampla disponibilização de seriços via Internet. A conjunção de baixa qualidade e gastos elevados contribui para a manutenção de uma alta carga tributária e compromete a competitividade nacional.

A busca de uma maior satisfação dos usuários de serviços públicos e a desoneração de empresas dos custos decorrentes de trâmites não essenciais passam pela revisão do marco legal que normatiza os procedimentos administrativos e os direitos dos cidadãos, pela revisão de processos de trabalho e pela capacitação intensiva e valorização de servidores no atendimento ao público.

Há décadas, os Estados Unidos introduziram a exigência de análises de impacto regulatório e consultas públicas prévias à edição de instrumentos normativos e procedimentais que afetam a vida de cidadãos e empresas. Tais requerimentos têm sido incorporados por muitos países, como parte de programas de simplificação administrativa.

A chamada "inversão do ônus da prova" tem um grande potencial de facilitação processual, mas sua implementação requer, além da legislação pertinente, uma eficaz estratégia de coordenação institucional e investimentos significativos, de modo a garantir que o cidadão não seja demandado a prover ao Governo informações que a própria estrutura governamental já possua. Um estágio ainda mais avançado de articulação institucional poderia viabilizar o intercâmbio de informações entre diferentes níveis de governo. Também devem ser considerados nesse processo todos os aspectos jurídicos relativos à privacidade e ao sigilo administrativos que envolvem os direitos individuais e as legislações específicas dos diversos serviços públicos.

Além da simplificação de trâmites e procedimentos, o uso intensivo de tecnologias que viabilizem o acesso à informação tem o potencial de facilitar a vida dos cidadãos e reduzir custos empresariais. Adicionalmente aos serviços virtuais via "web", a oferta de serviços via telefonia móvel está abrindo novas perspectivas na massificação e no atendimento à população localizada em áreas remotas.

Particularmente, o uso de recursos que viabilizem a interoperabilidade entre as diversas bases de dados que apoiam distintos serviços públicos já demonstrou seu potencial em vários países, mudando o perfil da atenção prestada aos cidadãos. A exploração do potencial aberto por esses novos recursos tecnológicos vem orientando iniciativas importantes voltadas à integração de bases de dados para a prestação de serviços públicos em Portugal, Reino Unido e, com o apoio do BID, no Chile.

4. Lições Aprendidas: Um Balanço dos Processos de Reforma

Embora não seja adequado se falar de conclusões quando tratamos de processos ainda em curso, a experiência do BID no Brasil e em países da região, reforçada pelo acompanhamento dos processos de reforma em outros países do mundo, permite destacar algumas constatações que poderão ser úteis aos governos federal e subnacionais na atual fase de reformas da gestão:

- A experiência internacional é relevante e pode gerar insumos importantes, mas não é passível de reprodução em contextos distintos dos originais.

- A gradualidade e a focalização na implementação das mudanças são mais seguras do que os grandes e ambiciosos programas de reforma do Estado.

- A busca de resultados em curto prazo é pouco compatível com a construção de capacidade institucional sustentável. Como consequência, as reformas demandam persistência e capacidade de administrar frustrações.

- A modernização não pode se limitar aos meios. Deve chegar ao nível de execução das políticas públicas e seus benefícios, por consequência alcançar as necessidades de cidadãos e empresas.

- Gestão por resultados não é fixação de metas e cobrança. Trata-se de uma estratégia institucional que requer alinhamento de recursos, além da geração e do uso intensivo de informações sobre desempenho.

- A aprendizagem institucional tem que ser valorizada para estimular a inovação e a assunção de riscos e responsabilidades por parte de gerentes e organizações.

- A sociedade civil deve ser envolvida nos processos de modernização. A construção de capital social que gere demanda permanente reforça a sustentabilidade das mudanças e diminui a dependência da renovação de apoios políticos.

- As agências de desenvolvimento multilaterais cumprem papel importante na transferência de conhecimento, introdução de disciplina de projeto e garantia de continuidade dos processos de modernização da gestão. Além disso, o reconhecimento de sua neutralidade lhes permite o exercício de funções de facilitador na articulação institucional requerida em ambientes politicamente complexos.

- Apenas leis e decretos não fazem reformas. São as pessoas que as promovem. Portanto, é necessário criar incentivos e exercer liderança institucional para construir coalizões e mudar atitudes essenciais aos processos de reforma.

- Os processos de modernização demandam compromisso das áreas financeira, orçamentária e de planejamento e gestão. O orçamento público pode funcionar como um vetor de mudanças e os instrumentos de gestão requerem coordenação intragovernamental para sua implantação e funcionamento.

PEDRO FARIAS

Por fim, vale ressaltar que o sucesso do Congresso do CONSAD, onde tantas experiências locais de modernização foram apresentadas, demonstra a validade de uma afirmação do cientista político Francis Fukuyama, segundo o qual "impulsionar a capacidade institucional tende a ser mais uma arte do que uma ciência e a melhor solução será sempre local ou apoiada em um profundo conhecimento das condições locais".

Pedro Farias é Especialista Sênior em Modernização do Estado da Gerência de Capacidade Institucional do Estado do BID. Mestre em Administração pela Universidade de Brasília. Ex-Secretário-Executivo Adjunto do Ministério do Planejamento, Orçamento e Gestão e Diretor da Secretaria de Reforma do Estado do Ministério da Administração e Reforma do Estado.

Entre em sintonia com o mundo

QualityPhone:

0800-0263311

Ligação gratuita

Qualitymark Editora
Rua Teixeira Júnior, 441 – São Cristóvão
20921-400 – Rio de Janeiro – RJ
TelS.: (21) 3094-8400/3295-9800
Fax: (21) 3295-9824

www.qualitymark.com.br
e-mail: quality@qualitymark.com.br

Dados Técnicos:

• **Formato:**	16×23cm
• **Mancha:**	12×19cm
• **Fontes Títulos:**	Trebuchet MS
• **Fontes Texto:**	HumstLab712 BT
• **Corpo:**	10,5
• **Entrelinha:**	12,5
• **Total de Páginas:**	168
• **Lançamento**	2009
• **Gráfica:**	Armazém das Letras